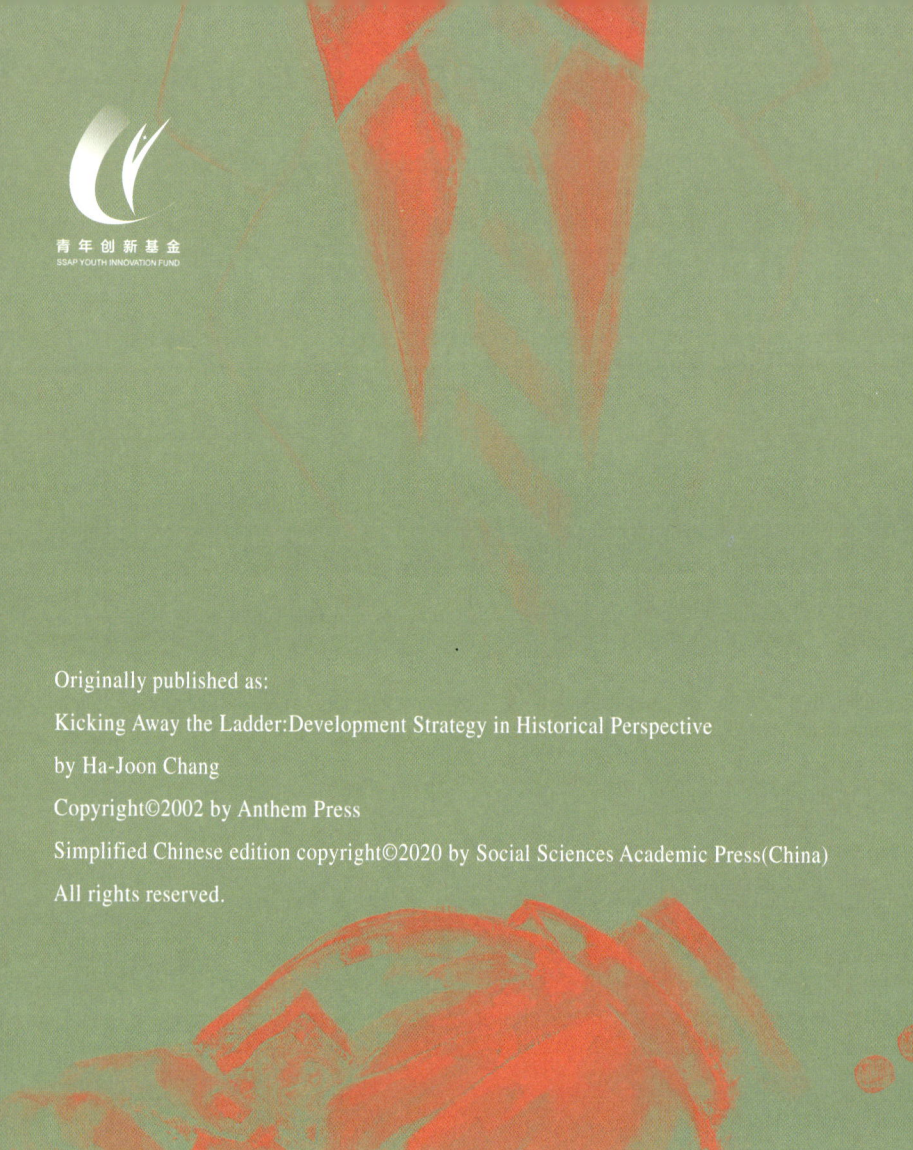

Originally published as:
Kicking Away the Ladder:Development Strategy in Historical Perspective
by Ha-Joon Chang
Copyright©2002 by Anthem Press
Simplified Chinese edition copyright©2020 by Social Sciences Academic Press(China)
All rights reserved.

富国陷阱

发达国家为何踢开梯子?

﹝英﹞张夏准 著
Ha-Joon Chang

蔡佳 译

KICKING AWAY THE LADDER

Development Strategy in
Historical Perspective

社会科学文献出版社
SOCIAL SCIENCES ACADEMIC PRESS (CHINA)

致　谢

本书可以顺利付梓，我要特别提到三个人。第一位是埃里克·赖纳特（Erik Reinert）。埃里克对经济史和经济思想史都有极其深入的了解，他给了我很多前所未有的灵感。第二位是詹姆斯·普茨尔（James Putzel），他为本书的完成提供了关键助力。我开展了一个有关制度发展历史的项目，詹姆斯提供了大力的支持，这一项目后来构成了本书第三章的主要内容。第三位必须提到的是查尔斯·金德尔伯格（Charles Kindleberger）。虽然查尔斯对本书的观点有不同意见，但他对本书早期书稿提出了很多细致和翔实的评述。他还使我注意到了弗里德里希·李斯特（Friedrich List）的经典论述，并且本书的书名就出于这段论述。

我要特别感谢沃尔夫冈·德雷什勒（Wolfgang Drechsler）、迈克尔·埃尔曼（Michael Ellman）、斯坦利·恩格尔曼（Stanley Engerman）、彼得·埃文斯（Peter Evans）、本·法恩（Ben Fine）、艾琳·格雷贝尔（Ilene Grabel）、威廉·米尔贝格（William Milberg）、伊普·奥兹韦伦（Eyüp Özveren）、彼得·诺兰（Peter Nolan）、霍华德·斯特恩（Howard Stein）、兰斯·泰勒（Lance Taylor）和拉里·韦斯特法尔（Larry Westphal）。他们认真阅读了本书的早期版本，并提供了许多重要的意见，很遗憾我没能把这些重要意见都纳入本书的最终版本。范·阿南（Van Anantha-Nageswaran）、阿什维尼·德斯潘德（Ashwini Deshpande）、雅各布·古尔曼（Jacob Gulman）、孙莫克·哈（SunMok Ha）、伊尔凡·乌尔·哈克（Irfan ul Haque）、约翰·格里夫·史密斯（John Grieve Smith）、海德·汗（Haider Khan）、托尼·米勒（Tony Miller）、莱昂·蒙特斯（Leon Montes）、加布里埃尔·帕尔马（Gabriel Palma）、约翰·桑德（John Sender）、辛长秀（Jang-Sup Shin）、朱迪思·滕德勒（Judith Tendler）、约翰·托伊（John Toye）和朱天标（Tianbiao Zhu）也提出了许多有用的建议。乔纳森·平库斯（Jonathan Pincus）不但提出了重要建议，而且为我提供了许多有用的编辑建议。邓肯·格林（Duncan Green）、乔纳森·迪·约翰（Jonathan di John）、理查德·科祖尔-赖特（Richard Kozul-Wright）、桑德拉·佩佩拉（Sandra Pepera）、鲍勃·罗索恩（Bob Rowthorn）、彼得·特敏（Peter Temin）和罗杰·威尔逊（Roger Wilson）都对本书第三章发表了重要评论。英国国际发展部为本书的研究提供了重要的财政支持，在此一并表示感谢。

此外，我要感谢三位非常有能力且严谨、认真的研究助手，因为没有他们的付出，这本书是无法完成的。依莱·塔恩（Elaine Tan）为本书第三章的完成提供了卓越的研究帮助，并且对早期书稿的各个部分提出了有益的意见。本特·莫尔纳尔（Bente Molenaar）是一位非常有创造力、细致的助手，还为我翻译了斯堪的纳维亚语资料。埃德娜·阿门达里兹（Edna Armendariz）找到并翻译了西班牙语、葡萄牙语和法语资料。我还要感谢我的个人编辑丹尼尔·哈恩（Daniel Hahn）所做的出色的编辑工作。

在当今疲软和缺乏人情味的出版行业中，卡玛吉特·苏德（Kamaljit Sood）、诺埃尔·麦克弗森（Noel McPherson）以及他们的出版团队提供了出人意料的出版体验。汤姆·佩恩（Tom Penn）是本书在出版社的编辑，他不仅提供了宝贵的编辑意见，而且在实质性问题上提出了重要建议，尤其是关于都铎王朝历史的建议。

如果没有稳定和温馨的家庭，我也无法集中精力完成这本书。最后我要感谢我的家人：我的父母和岳父岳母一直都给予我大力支持；我的妻子熙贞（Hee-Jeong）、女儿尤娜（Yuna）和儿子金（Jin-Gyu）给予了我爱和关怀。尤其感谢他们忍受我不固定的作息并且对我未能尽到对家庭的责任的包容和理解。

目　录

第一章　绪论：富国究竟是怎样变富的？ …………………… *1*
　第一节　导言 ………………………………………………… *1*
　第二节　方法论问题：以史为鉴 …………………………… *3*
　第三节　章节梗概 …………………………………………… *13*
　第四节　一个有益的告诫 …………………………………… *15*

**第二章　经济发展政策：历史视角下的产业、贸易和
　　　　　技术政策** ……………………………………………… *16*
　第一节　导言 ………………………………………………… *16*
　第二节　赶超战略 …………………………………………… *23*
　第三节　领先国家的引领战略和赶超国家的反应
　　　　　——英国及相关国家 ……………………………… *73*
　第四节　产业发展政策：历史谣传与历史教训 ………… *83*

第三章　制度与经济发展："善政"的历史视角 ………… *95*
　第一节　导言 ………………………………………………… *95*
　第二节　发达国家的制度发展史 …………………………… *98*
　第三节　过去及当今发展中国家的制度发展 …………… *150*

第四章 当前的教训 ································· 165
第一节 导言 ······································· 165
第二节 对经济发展政策的反思 ·············· 165
第三节 对制度发展的反思 ····················· 171
第四节 本书可能存在的不足 ·················· 178
第五节 结语 ······································· 182

参考文献 ··· 186

索引 ··· 203

第一章 绪论:富国究竟是怎样变富的?

第一节 导言

当今世界,发展中国家迫于发达国家以及由发达国家所掌控的国际发展政策机构(International Development Policy Establishment, IDPE)的多重压力,采用了一系列所谓的"好政策"和"好制度"来促进其经济发展。① 这里的"好政策",是指被"华盛顿共识"广泛认可的政策,比如限制性宏观调控政策、国际贸易和国际投资自由化政策、私有化政策和放松管制政策等。② "好制度"本质上是指发达国家,特别是英美国家采用的制度,主要包括民主制度、"好的"官僚制度、独立司法体制、大力保护私有财产(含知识产权)的制度、透明且以市场为导向的企业治理制度和金融制度(含有独立政治地位的中央银行)。

在下文我们会看到,关于被推崇的"好政策"和"好制度"是否真正适用于当今发展中国家,人们一直存在极大争议。然而奇

---

① 当前发达国家向发展中国家提供多边或双边财政援助时,除了附加常规的经济制约性条件以外,还附加了与治理相关的制约性条件(详见 Kapur and Webber 2000)。
② 对此的经典描述详见 J. Ocampo, "Rethinking the Development Agenda",该文引自档案 American Economic Association Annual meeting, 5–7 January 2001。

怪的是，很多批评家只质疑这些政策和制度在发展中国家的适用性，却想当然地认为发达国家在其发展过程中采用的就是这些"好政策"和"好制度"。

举例来说，通常我们认为，英国是因为实施了自由主义经济政策，最后成为世界第一工业超级大国。法国则因为实施国家干预主义政策而最终落后了。我们都认为，20世纪30年代经济大萧条初期，美国放弃了自由贸易政策而采用贸易保护主义的《斯穆特－霍利关税法案》(The Smoot–Hawley Tariff Act)①，正如自由贸易经济学家贾格迪什·巴格沃蒂（Jagdish Bhagwati）所说的，这是"最明显、最滑稽的反贸易蠢事！"② 要证明发达国家取得它们现有的经济地位是通过"好政策"和"好制度"，我们还经常会提到另一个例子：如果没有专利权和其他知识产权，这些国家就不可能研发出使它们繁荣的技术。美国国家自由贸易法律中心宣称，"发达国家由发展中国家发展而来的历史进程表明，保护知识产权已经成为实现经济发展、出口增长、促进新兴技术和文化艺术传播的最有力的工具之一"③。当然，这样的例子还有很多。

但是，发达国家在自身发展进程中真的采用过推荐给发展中国家的那些"好制度"和"好政策"吗？即便只从表面来看，我们似乎也能找到零星的反面历史证据。有些人可能知道，19世纪的法国

---

① 美国犹他州的共和党人参议员里德·斯穆特（Reed Smoot）和俄勒冈州的共和党人众议员威尔斯·霍利（Willis Hawley）共同发起了《斯穆特-霍利关税法案》。该法案于1930年6月17日经签署成为法律，将2000多种进口商品关税提升到历史最高水平。当时在美国，有1028名经济学家签署了一项请愿书抵制该法案；而在该法案通过之后，许多国家对美国采取了报复性关税措施，使美国的进口额和出口额都骤降50%以上。——译者注
② Bhagwati 1985, p. 22, n. 10.
③ National Law Center for Inter-American Free Trade, 1997, p. 1.

政府采用了非常保守的不干涉政策，这不同于法国在18世纪或者后来在20世纪采用的政策。有些人可能了解到，美国在内战之后提高了关税。有些人可能还了解到美国的中央银行，即美国联邦储备系统（简称美联储）直到1913年才建立。极少数人甚至知道，瑞士早在19世纪就已经是世界技术领先的国家之一，而在当时并没有专利法。

在了解了这些与传统资本主义历史的不一致资料之后，我们有理由质疑，发达国家是否刻意隐瞒它们的"成功秘密"。这本书提供了与传统资本主义历史相左的丰富的历史资料，同时全面而简洁地论述了发达国家在发展历程中所采用的政策和制度。换句话说，这本书是在解答，"富国究竟是如何变富的？"

简言之，发达国家并不是通过实施所谓的"好制度"和"好政策"来达到它们今天的地位的。相反，大部分发达国家频繁采用的是"不好的"贸易和产业政策，如幼稚产业保护政策、出口补贴政策等。这些政策是当今世界贸易组织（WTO，简称世贸组织）所不推崇的，甚至是被坚决抵制的。到19世纪末20世纪初，发达国家从自由资本主义阶段进入垄断资本主义阶段，发展迅速。即便是在这个时期，发达国家也只是极少量地采用了被当今发展中国家视为必需的"好制度"和"好政策"，其中包含中央银行制度、有限责任制等"基本"制度。

如果真是如此，那么发达国家是不是打着推荐"好政策"和"好制度"的幌子，而实际上并没有让发展中国家应用它们在早期用来发展经济的政策和制度呢？这是本书试图解答的问题。

第二节　方法论问题：以史为鉴

19世纪德国经济学家弗里德里希·李斯特（1789—1846）被公

认为幼稚产业保护论之父。他认为，面对更发达的西方国家，落后国家如果不采取政府干预政策，特别是关税保护政策，就无法发展幼稚产业（也称新兴产业）。李斯特的著作《政治经济学的国民体系》①（*The National System of Political Economy*）首次出版于1841年。

李斯特在该书的开头部分用了很长的篇幅论述历史。事实上，他把这本435页的书中的115页用来回顾当时主要的西方国家的贸易和产业政策。他调查的对象包括威尼斯（以及其他意大利城邦）、汉萨同盟城市（以汉堡和吕贝克为代表）、荷兰、英国、葡萄牙、法国、德国和美国等。

该书记述的这些国家经济发展的历史，与我们已知的（或我们认为知道的）大相径庭。②特别是李斯特对英美两国（被视为自由经济政策的发源国）经济发展的分析，尤其能给当代读者带来冲击。

李斯特指出，事实上英国是第一个对幼稚产业保护政策加以完善的国家。在他看来，这正是大部分国家走向繁荣的背后原则。他认为，我们应该"让所有不相信幼稚产业保护论的人先学习一下英国工业发展的历史"③。书中，他对英国通向工业发展的成功之路做了如下总结：

---

① 这本书早在1856年在美国就有了译本（Henderson 1983，p. 214），反映了美国和德国作为当时的两个"国家主义"经济学中心在学术上的密切联系（参见 Dorfman 1955；Balabkins 1988；Hodgson 2001）。而这本书在英国的译本（笔者现在用的版本）直到1885年才出版，这也反映了19世纪中期自由贸易学说在英国的统治地位。

② 书中内容让读者更深层次地理解了公共政策和公共制度在经济发展中的作用。这些内容十分引人入胜。例如，李斯特在《政治经济学的国民体系》第107页指出，"无论个人如何勤劳、节俭、富于创造力和智慧，都无法弥补缺少自由制度所造成的损失。历史经验指出，个人的生产力主要源自个体所处的社会制度和社会条件"。中译本见（德）弗里德里希·李斯特，《政治经济学的国民体系》，陈万煦译，商务印书馆，1961。

③ List 1885，p. 39.

大君主国（英国等）在通过自由贸易政策获得一定程度的发展之后就意识到，只有把制造业、商业和农业有效地结合起来，才能实现最高程度的文明、国力和财富。它们认识到，新兴的本土制造业根本不可能与其他国家（意大利、比利时、荷兰等）历史悠久的同行业在自由竞争中获得胜利……因此，英国等国便寻求通过采取限制政策、特惠待遇和奖励补贴等措施，把其他国家的财富、人才和企业精神引入它们本土。①

英国工业发展历程的这一特征与主流观点完全相悖。后者把英国描述成一个主张自由贸易和自由市场，勇敢地与主张国家计划与政府干预经济的欧洲大陆国家进行斗争，并最终通过一场人类历史上前所未有的工业上的成就来证明其政策优越性的国家。

李斯特接着指出，自由贸易对于工业发展水平相近的国家来说是有利的（这正是他极力主张在德国城邦之间建立关税同盟的原因）。但对于处在不同发展水平的国家来说，情况就不一样了。与当时很多主张赶上英国的人们一样，李斯特也认为自由贸易对英国有利，但对不那么发达的国家不利。当然，他承认自由贸易有利于这些国家的农产品出口商，但这是以损害这些国家的制造业为代价换来的，久而久之，将严重危害这些国家的经济繁荣。因此，在他看来，当时的英国政客和经济学家们大力鼓吹自由贸易政策的优越性，尽管披着"世界主义学说"的外衣，实则是出于民族主义的目的。在这一点上，他的观点值得详细引用：

---

① 李斯特在《政治经济学的国民体系》第111页还指出，"依据英国统治者推行这个政策的明智程度、花费的精力和耐心的大小不同，这个政策为统治者带来了或大或小、或迟或早的成功。"

一个人在到达伟大的顶峰之后，会采取一种常见的聪明手段，即把自己攀高时的梯子一脚踢开，免得别人跟着他上来。亚当·斯密（Adam Smith）倡导的"世界主义学说"的秘密就在这里。与他同时代的伟大的威廉·皮特（William Pitt）及其在英国政府里的后继者们的世界主义倾向的秘密也在这里。

任何国家通过保护性关税政策和海运限制政策等，使本国的制造业和海运业发展到别国无法与其自由竞争的程度。它们所能采取的最聪明的手段莫过于把它在发展过程中使用的"梯子"扔掉，转而向其他国家鼓吹自由贸易的优越性，并以过来人的后悔语气讲述自己是如何在错误的道路中摸索前进，现在终于第一次成功地发现了自由贸易这个真理。①

至于美国，李斯特认为，这个国家一开始就被亚当·斯密和让·巴蒂斯特·萨伊（Jean Baptiste Say）这两位伟大的经济理论家错误地判定为"一个像波兰的国家"，意思是美国注定要依赖农业。② 亚当·斯密在他的《国富论》（Wealth of Nations）中就曾严厉警告美国不能有任何保护幼稚产业的企图：

如果美国人通过联合或其他激烈手段阻止进口欧洲制成品，以此让国人自己垄断同类商品的生产，并使资金流向这些本土企业，结果不但不能增加美国年产品的价值，反而会妨碍其年产品价值的增加，并最终阻碍美国真正变得繁荣和强盛。③

---

① List 1885, pp. 295–296.
② List 1885, p. 99.
③ Smith 1937 (1776), pp. 347–348.

在经历了两代人之后,当李斯特撰写他的著作时,许多欧洲人仍然对亚当·斯密的观点坚信不疑。李斯特指出,幸运的是,美国人坚决反对亚当·斯密的分析,赞同"常识"和"对国家需要的直觉判断",继续保护他们的新兴产业,并最终在1816年获得了巨大成功。[①]

李斯特的观察后来得到了高度证实。在他写下那些话之后的一个世纪,美国始终是保护主义的最热忱的实践者,并在那个时期之后成为世界工业领袖(详见本书第二章第二节)。李斯特关于"踢开梯子"的评论被后来发生的历史事件证明是正确的。第二次世界大战以后,美国的世界工业霸主地位完全确立。美国与19世纪的英国一样大肆鼓吹自由贸易,尽管实际上它是通过采用带有国家主义色彩的严重的保护主义才取得这种优势地位的。

这些是重要的历史事实。我们将在下一章对它们进行详细阐述。然而,现在笔者想让读者关注李斯特的方法论,即从历史的角度来研究经济学。

这个方法如果运用得当的话,并不局限于通过收集和整理历史资料以期待某种模式自动出现。相反,它涉及寻找反复出现的历史模式,构建理论来对这些模式进行解释,并用这些理论来解决当代问题。当然,解决当代问题,还需要考虑到技术、制度和政治环境变化等因素。

这种方法是具体和归纳式的,与目前主流的抽象和演绎式的新古典主义方法形成了鲜明对比。这种方法其实是德国历史学派(第二次世界大战以前欧洲大陆国家的主要经济学流派)采用的主

---

① List 1885, pp. 99–100.

要方法，可以在卡尔·波兰尼（Karl Polanyi）①和安德鲁·肖恩菲尔德（Andrew Shonfield）的英文著作中看到。②该学派的主要代表人物有威廉·罗雪尔（Wilhelm Roscher）③、布鲁诺·希尔德布兰德（Bruno Hildebrand）、卡尔·克尼斯（Karl Knies）、阿道夫·瓦格纳（Adolph Wagner）、古斯塔夫·施穆勒（Gustav Schmoller）、沃纳·松巴特（Werner Sombart）和马克斯·韦伯（Max Weber，人们对他有争议）。韦伯现在多被视为一个社会学家，实际上他曾当过弗莱堡大学和海德堡大学的经济学教授。④

现在很少有人承认，第二次世界大战爆发前，德国历史学派的影响其实就已经远超出了欧洲大陆。然而，它对后来新古典主义经济学的创始人之一阿尔弗雷德·马歇尔（Alfred Marshall）产生了深刻影响。马歇尔对德国历史学派所做的研究给予了高度评价：它"极大地拓宽了我们的视野，提高了自我认知水平，帮助我们理解人类社会经济生活及其背后神圣原则的演进过程"⑤。

19世纪末20世纪初，很多著名的美国经济学家直接或间接地

---

① 卡尔·波兰尼（1886—1964）是匈牙利哲学家、政治经济学家，也是20世纪公认的最有辨识力的经济史学家。——译者注
② Polanyi 1957(1944); Shonfield (1965). 这种方法在马克思的理论中也可以找到一些线索，比如在马克思的历史理论中，而不是在他的劳动价值论中。
③ 威廉·罗雪尔（1817—1894），德国历史学派的创始人，他否认古典学派关于经济发展存在普遍规律的观点。他认为，如果采纳古典学派的经济学说，在自由竞争中，德国的经济必然要被先进的资本主义国家所扼杀。他赞成贸易保护，认为政治经济学不是一门独立的科学，而是"一门论述一个国家的经济发展规律的科学"。——译者注
④ Balabkins 1988, chapter 6; Tribe 1995; Hodgson 2001.
⑤ Marshall, *Principles of Economics*, 8th edition, p. 768; as cited in Hutchison 1988, p. 529.

受到了这个学派的影响。① 美国新古典主义经济学的奠基人约翰·贝茨·克拉克（John Bates Clark）虽然最终摆脱了该学派的影响，另立门户，但他在1837年曾赴德国学习，师从德国历史学派的罗雪尔和克尼斯两位重要代表人物。② 当今美国最具分量的青年经济学家奖项就是以约翰·贝茨·克拉克的名字命名的。理查德·伊利（Richard Ely）是当时美国最杰出的经济学家之一，也曾师从克尼斯。伊利后来还通过自己的学生约翰·康芒斯（John Commons）影响了美国制度学派。③ 伊利是美国经济学会（American Economic Association, AEA）的创始人之一，直到今天，该学会年会上最大的公开讲演仍是以伊利的名字命名的，尽管现在的学会成员中很少有人知道他是谁了。

第二次世界大战以后，当后殖民国家的发展成为主要问题以后，这种历史研究方法被很多"发展经济学"的创立者们成功地运用。④ 比如，威廉·阿瑟·刘易斯（William Arthur Lewis）、沃尔特·罗斯特（Walt Rostow）和西蒙·库兹列茨（Simon Kuznets）等基于他们掌握的发达国家工业化历史的丰富知识，来阐述他们的经济发展"阶段"理论。⑤ 俄裔美籍经济历史学家亚历山大·格申克龙（Alexander Gerschenkron）提出的"后发优势"理论也很有影响力。他借鉴欧洲工业化的历史经验指出，随着技术规模的不断

---

① Balabkins 1988, chapter 6; Hodgson 2001; Dorfman 1955. 巴拉金斯（Balabkins）引用了1906年的一项调查。该调查显示，在欧洲学习社会科学的美国人，有一半在德国学习（详见 Balabkins 1988, p.95）。
② Balabkins 1988, p. 95; Conkin 1980, p. 311.
③ Balabkins 1988, p. 95; Cochran and Miller 1942, p. 260; Conkin 1980, p. 311; Garraty and Carnes 2000, p. 562.
④ 有关发展经济学早期的主要代表作，详见 Agarwala and Singh 1958。
⑤ 有关这些理论的运用，详见 Lewis 1955; Rostow 1960; Kuznets 1965, idem. 1973。

扩大，致力于工业化的国家必须采取更强有力的制度手段，来促进工业融资。格申克龙的著作为发展经济学家阿尔伯特·赫希曼（Albert Hirschman）在发展经济学上的开创性著作提供了重要的背景支持。美国世界经济史学家查尔斯·金德尔伯格在发展经济学上的经典作品中广泛提到了发达国家的历史经验，同时大量引用了格申克龙的观点。①

20世纪60年代是发展经济学的鼎盛时期，在这一时期甚至出现了一些论文集，专门论述当今发展中国家应该如何学习发达国家的历史经验。② 到1969年，主要的新古典主义经济学家之一（虽然是一位旧时期、更温和的经济学家）古斯塔夫·拉尼斯（Gustav Rains）为主流刊物《美国经济评论》（*American Economic Review*）写了一篇题为《从历史角度看待经济发展》（"Economic Development in Historical Perspective"）的文章。③

不幸的是，在最近的几十年里，甚至连与历史研究方法最相关的两个经济学领域，即发展经济学和经济历史学，也受到主流的新古典主义经济学支配，而新古典主义经济学坚决反对这种归纳法。这种现象导致的不幸后果是，当代关于经济发展政策制定的讨论都呈现出特有的非历史性特征。

关于经济发展的著作必然包含基于理论的建议（比如自由贸易对所有国家有利），也会广泛引用当代的经验（比如关于东亚"发展型国家"的文章）。然而，我们现在很少看到讨论当今发达国家（NDCs）历史经验的文章。当然，也有一些零散的历史文献，但它们往往基于对历史经验的高度程式化描述，而且往往只提到英国和

---

① Gerschenkron 1962；Hirschman 1958；Kindleberger 1958.
② 详例可见 Supple 1963；Falkus 1968。
③ Fei and Ranis 1969.

美国。这些国家的自由贸易、自由市场的历史经验被奉为当今发展中国家发展经济的范例。然而，这些对英美两国历史经验的讨论是有选择性的，且带有极强的误导性，本书后半部分对此有更清楚的分析。

不幸的结果是，除了极少数例外的情况，在过去的几十年中，历史研究方法很少应用于发展经济学的研究。① 因此，本书的目的之一，就是运用历史研究方法来批判当下流行的关于"好政策"和"好制度"的论断。说到这里，也许读者会误认为，本书的主要目的是把政策问题作为素材，来论证一种研究方法的有效性。但事实上，这并不是本书的主要目的。本书的主要目的是借助历史来讨论和解决当今问题。需要补充一点的是，当今在大家都讨论"好政策"和"好制度"的时代背景下，采用这种方法是尤为必要的。

19世纪初至20世纪初，大多数发达国家进行工业革命，本书的重点自然是放在这一时期，即大致从拿破仑战争结束（1815年）至第一次世界大战爆发（1914年）。当然，在某些情况下，我们也会扩大时间范围进行讨论。以英国为例，鉴于其在经济政策和制度发展领域的领先地位，我们对英国历史的研究，值得追溯到14世纪英国资本主义经济发展的最初阶段。18世纪的普鲁士成为另一个值得关注的特例。普鲁士的官僚制度改革和以国家为主导的工业

---

① 详见 Senghaas 1985; Bairoch 1993; Weiss and Hobson 1995; Amsden 2001，然而前三部著作都没有本书全面。森哈斯（Senghaas）讨论的国家更多，但除了斯堪的纳维亚国家以外，其他国家内容涉及并不多。虽然保罗·巴路殊（Paul Bairoch）的研究范围更广，但研究重点是贸易政策。韦斯和霍布森（Weiss and Hobson）在书中讨论了多种政策，比如工业、贸易和财政政策等。不过，该书涉及国家比较少，只有英国、法国、普鲁士、日本、俄国和美国。阿姆斯登（Amsden）的研究提到了发达国家的很多历史经验，但书的研究重点是发展中国家的历史经验。

促进了新政策的发展。其他值得探讨的特殊情况还包括日本和法国等国,在第二次世界大战之后,它们通过激进的制度改革,实现了经济的强劲增长。

本书力图涵盖尽可能多的国家的例子。虽然这种大范围举例的方法能够增强本书结论的说服力,但必然招致这些国家的经济历史学家们的批评,对此笔者非常欢迎。因为笔者不仅希望能够激励发展经济学家重新思考他们理论的历史基础,而且希望经济历史学家能够认识到他们著作的理论意义。如果本书能够成功地引发读者对书中下文一般性和特殊性内容的讨论,那么笔者的主要目的也就达到了。

除了那些"更重要"的、更为大家所熟知的国家(英国、美国、德国、法国、日本等),本书还力图涵盖这些国家之外的其他国家的例子,这样一来,笔者可以借鉴更多的历史经验。然而,由于关于其他国家的英文研究很少,因此笔者对这些国家的研究也比较有限。虽然笔者试图通过懂得这些国家语言的研究助手来克服语言障碍,但这也是有限的。此外,应该指出的是,对那些被公认为比较知名的国家的研究还是有很大价值的,特别是因为我们了解到的这些国家的历史有的是虚构的,而且人们对它们存在误解。

笔者在本书中对政策和制度的区分免不了存在武断的情况。通常,人们认为政策富于变化,而制度趋于稳定。举例来说,提高某些产业的关税是一项"政策",而关税本身则被视为一种"制度"。然而,这种简单的区分很快就被打破了。比如说,专利法应该是一种"制度",但是一个国家可以采取不承认专利的"政策",就像瑞士和荷兰直到20世纪初所做的那样。同样,当我们研究竞争法时,既可以把它视为公司治理制度的一部分,也可以把它看作产业政策的一部分。

第三节 章节梗概

第二章主要讨论产业、贸易和技术政策（简称 ITT 政策）。在笔者看来，那些在促进经济增长和结构改革方面取得较大成功的国家与其他国家的区别在于，它们采取了不同的政策。在最近几百年来，ITT 政策一直是经济发展理论中最受争议的部分。当然，这并不意味其他政策对经济发展不重要，① 也不是说经济增长（狭义上指工业增长）是唯一重要的。不过，笔者的确相信增长对于更广义的经济发展来说是至关重要的。

正如笔者之前所说，政策比制度更难描述，政策更富于变化。因此，与关注制度的第三章相比，第二章所涉及的国家要少一些。例如，虽然我们可以非常容易地说出有限责任制或者中央银行制度的正式立法日期（尽管说出这些制度什么时候被广泛接受并具有效力可能更难），但是要论证法国在 19 世纪末期采取了自由贸易政策就困难得多。明确界定特定政策的存在及其强度是非常困难的。笔者认为这需要更多的关于国家情况的描述。这就是为什么笔者在第二章中所讲的国家没有在第三章中所讲的那么多。

第三章在地理上和概念上要比第二章涉及得更广。由于当代社会制度的复杂性，再加上一般人们并不清楚什么制度才是最利于经济发展的，因此第三章论述了相当多的制度，比如民主制、官僚制度、司法制度、产权（特别是知识产权）、公司治理制度（有限责任制、破产法、审计/披露制度、竞争法等）、

---

① 例如，很少有人置疑，通过合理的预算和货币政策来实现宏观经济稳定是发展的先决条件。但笔者并不同意当时的主流观点，即把宏观经济稳定狭义地定义为保持非常低的通货膨胀率（比如低于 5%）。详见 Stiglitz 2001a, pp. 23-25。

金融制度（银行、中央银行、证券交易制度、公共财政制度等）、社会福利和劳动（童工法、规范工人每天的工作时长和工作条件的制度），等等。据笔者所知，本书是唯一讨论了这么多国家制度的著作。

最后一章讨论了本书的核心问题：发达国家是不是正在"踢开"那个让它们爬到顶端的"梯子"，以阻止发展中国家采用它们真正用过的政策和制度？

笔者想说的是，当前的主流政策的确是在"踢开梯子"。发展幼稚产业（不仅通过关税保护）一直是当今大多数国家发展的关键，例外情况仅限于处于或非常接近世界技术前沿的小国，如荷兰和瑞士。如果阻止发展中国家采取这些政策，无疑会极大地限制它们的经济发展能力。

就制度而言，情况更加复杂。笔者的主要结论是，如今许多被视为经济发展所必需的制度，其实在很大程度上是当今发达国家经济发展的产物，而不是其经济发展的原因。这并不是说发展中国家不能采用发达国家目前普遍采用的制度（尽管它们的确不应采用发达国家现行的产业和贸易政策）。虽然推行这些制度应该采用什么方式是一个有争议的问题，但是的确有些制度对大多数发展中国家有利。例如，中央银行制度对系统性金融风险监管是必要的，但是中央银行是否应该像主流说法那样，拥有近乎绝对的政治独立性且只专注于控制通货膨胀，这些是有争议的。的确，很多有利的制度是通过痛苦的经验教训和政治斗争才发展起来的。如果发展中国家放弃从"制度性赶超"中获益，进而失去作为后来者的优势，那都是不明智的。

然而，我们也不能过分夸大制度性赶超的益处，因为并不是所有"国际标准"的制度对所有发展中国家都是有利的或者必需的。

笔者将在下文深入讨论一些例子：严格的知识产权制度并不适合大多数发展中国家的实际情况。同样，其他一些制度或规定，如反托拉斯法（反垄断法）对发展中国家来说也不是必需的。如果发展中国家采用了这些制度或规定，结果甚至可能是消极的，因为制度或规定的建立和维持需要资源支持，特别是稀缺的高技术人才资源。还有一个问题，在尚未做好准备的国家引入"先进"制度，这些制度是否可能无法发挥应有的作用？此外，我们不应忽视这样一个事实：当代发展中国家的制度发展水平实际上远高于当初处在相同发展阶段的发达国家（详见第三章第三节）。如果情况果真如此，那么这些发展中国家在短期内有效改进现有制度的可能性相对较小。

从这个角度来看，我们还可以说，当今有关制度升级的主要发展论述中有"踢开梯子"的因素。鉴于发展中国家现有的发展阶段，要求它们采用某些制度是不必要的或有害的，而且采用这些制度的成本很高。

第四节 一个有益的告诫

本书下文所涉及的内容肯定会让很多人在理论和道德上感到不安。他们认为理所当然的，甚至已成坚定信仰的很多说法将会受到挑战，就像笔者的很多假设在研究过程中受到挑战一样。书中的一些观点可能会让读者在道德上感到不适。当然，笔者的观点并不具有道德上的优越性。笔者只希望能使某些长期受争议（非历史性的，甚至是道德上的争议）而变得模糊的问题清晰起来。

第二章 经济发展政策：历史视角下的产业、贸易和技术政策

第一节 导言

在第一章中，笔者已经指出，很少有发展中国家真正做到结合发达国家的历史经验和教训来解决当今的发展问题。发达国家的经济政策发展史强调自由贸易和自由放任的产业政策的重要性。发达国家希望发展中国家借鉴它们的经验，也实行自由贸易，采取自由放任的产业政策，但事实上发达国家并不是因为实施这些政策而获得成功的。[①] 本

---

① 详见 J. Sachs and A. Warner, "Economic Reform and the Process of Global Integration", *Brookings Papers on Economic Activity*, NO.1, 1995。萨克斯和沃纳（Sachs and Warner）于 1995 年完成的版本是关于当今发达国家经济政策史比较客观和翔实的版本，但从根本上说，仍存在不足。详见 J. Bhagwati, *Protectionism*, Cambridge: The MIT Press, 1985; J. Bhagwati, "The Global Age: From Skeptical South to a Fearful North", *A Stream of Windows – Unsettling Reflections on Trade, Immigration and Democracy*, Cambridge: Cambridge University Press, 1998; J. Bhagwati and M. Hirsch, *The Uruguay Round and Beyond – Essays in Honour of Arthur Dunkel*, Ann Arbor: The University of Michigan Press, 1998。相比较而言，巴格沃蒂于 1985 年和 1998 年完成的两本书的客观性差一些，但可能更具有代表性。为了纪念关税及贸易总协定（GATT，简称关贸总协定）前总干事阿瑟·邓克尔（Arthur Dunkel）对推动乌拉圭回合多边贸易谈判所做出的贡献，J. 巴格沃蒂和 M. 赫希（J. Bhagwati and M. Hirsch）于 1998 年将国际政策最主要制定者的文章编纂成册，在该文集中可以找到赞成上述观点的文章。下文中，由威利·德·克勒克（Willy De Clercq）和雷纳·托鲁杰罗（Renato Ruggiero）所引用的文章也出自该文集。

章接下来的分析会让大家更清楚地认识到这一点。

从 18 世纪开始,采用自由放任政策的英国所取得的工业成就证明了自由市场和自由贸易政策的优越性。英国通过采用这项政策释放了企业家的活力,超过了当时的主要竞争对手法国,成为经济实力最强的国家。与英国不同,法国在这一时期采用的是贸易干预主义政策。凭借强大的经济实力,英国随后扮演了新自由主义世界经济秩序的建筑师和霸主的角色,特别是,英国在 1846 年废除了饱受诟病的农业保护手段〔《谷物法》(*The Corn Law*)〕和其他旧的重商主义保护措施。

在探索建立自由主义世界秩序的过程中,英国最重要的武器是它基于自由市场和自由贸易政策所取得的经济成就。英国的经济成就使其他国家意识到了重商主义政策的局限性,并在 1860 年前后相继开始推行自由贸易政策(或者较之以前更为自由的贸易政策)。在探索建立自由主义世界秩序的过程中,英国还从亚当·斯密和大卫·李嘉图(David Ricardo)等古典经济学家的著作中获益良多。这些古典经济学家从理论上论证了自由放任政策的优越性,特别是自由贸易政策的优越性。威利·德·克勒克是负责对外经济关系的欧洲委员会委员。他在早期的"乌拉圭回合"谈判(1985~1989 年)中指出:

> 与当时深入人心的重商主义政策相比,自由贸易政策在 19 世纪末能够获得第一次繁荣发展,得益于两个因素:一个因素是由大卫·李嘉图、约翰·斯图亚特·穆勒(John Stuart Mill)、大卫·休谟(David Hume)、亚当·斯密以及其他"苏格兰启蒙运动"拥护者们所倡导的自由贸易政策在理论上具有的合理性;另一个因素是 19 世纪后半叶英国作为唯一的、相对仁慈的超级

大国或霸权国所具有的相对稳定性。[1]

这种自由主义的世界秩序在1870年左右得以完善,之后经历了一段前所未有的繁荣时期。它的基本原则是:国内实行自由放任的产业政策;削弱商品、资本和劳动力的国际流动壁垒;通过金本位制度、平衡预算制度保证国内、国际宏观经济的稳定。

然而好景不长,第一次世界大战的爆发打破了原有的世界经济和政治的稳定性,各国纷纷再一次设置贸易壁垒。1930年,美国放弃了自由贸易政策,颁布了臭名昭著的《斯穆特-霍利关税法案》。德·克勒克认为,这项法案给国际贸易乃至随后美国经济发展和就业增长都造成了灾难性影响。现在,一些经济学家甚至认为大萧条主要就是由这些关税引起的。[2] 同样,德国和日本也开始设置高贸易壁垒,并建立强大的卡特尔垄断组织。德国和日本的这些做法与后来两国法西斯主义盛行以及接下来几十年的对外侵略战争密切相关。[3] 1932年,英国重新引入关税,世界自由贸易体系最终结束。此后,世界经济的紧缩和动荡以及第二次世界大战的爆发,彻底瓦解了第一次自由主义的世界秩序。

第二次世界大战后,通过早期的关税及贸易总协定,贸易自由化取得了很大进展。然而,在20世纪70年代以前的发达国家和80年代以前的发展中国家(以及1989年以前瓦解的共产主义阵营)里,国家计划及干预经济的方法在经济管理和政策制定过程中占据主导地位。萨克斯和沃纳认为,多种因素导致发展中国家追

---

[1] De Clercq 1998, p. 196.
[2] De Clercq 1998, pp. 201-202.
[3] 据说,第二次世界大战结束以后,在德国和日本的美国占领当局意识到,卡特尔是法西斯主义的根源,因而取缔了卡特尔。国家干预主义与独裁政府之间的不幸关联随着第二次世界大战结束被打破了。

求贸易保护主义和贸易干涉主义。① 一些"错误"理论流行，比如幼稚产业保护论、保罗·罗森斯坦－罗丹（Paul Rosensetin-Rodan）在1943年提出的"大推进理论"、在拉丁美洲盛行的结构主义论等。贸易保护主义政策还受到一些政治需求推动，例如国家建设和"收买"某些利益集团的需求。此外，战时管制思想在和平时代的延续也是贸易保护主义盛行的重要原因之一。

幸运的是，随着新自由主义的兴起，自20世纪80年代以来，干预主义政策在世界范围内被弃用。新自由主义强调小政府、自由放任政策和对外开放的优点。到20世纪70年代末，除了采用"好政策"（这里指新自由主义政策）的东亚和东南亚国家以外，大多数发展中国家的经济增长开始放缓。这种经济增长失败通过20世纪80年代初的经济危机表现出来，也暴露了旧式干预主义和保护主义的局限性。

于是，大部分发展中国家开始进行新自由主义政策改革。印度裔的美国经济学家贾格迪什·巴格沃蒂认为，最具代表意义的转变有：巴西时任总统费尔南多·恩里克·卡多佐（Fernado Henrique Cardoso）在任期内（1995~2003年）接受了新自由主义，而卡多佐在20世纪80年代以前一直是相互依赖理论的重要代表人物之一；历来反对美国的墨西哥加入了北美自由贸易协议（NAFTA）；曾经大力推行贸易保护主义和干预主义的印度也开始向自由、开放的经济体迈进。② 1989年，共产主义阵营瓦解是自由化和开放的转变的结果。它结束了世界贸易体系的"历史反常"，即战后初期盛行的封闭的世界贸易体系。③

---

① Sachs and Warner 1995, pp. 11 – 21.
② Bhagwati 1998, p. 37.
③ Sachs and Warner 1995, p. 3.

发展中国家政策的转变和以世界贸易组织为代表的全球治理机构的建立，开创了一个新的世界经济体系。这一经济体系潜在的繁荣只有自由主义早期的金本位时代（1870～1914年）可与之媲美。① 世界贸易组织的第一任总干事雷纳托·鲁杰罗指出，这种新的世界秩序使各国可能在21世纪前半叶消除全球贫困——几十年前这只是空想，而如今却成为实实在在的可能。②

在下文我们可以了解到，前面所讲述的神话描绘了一幅颇具说服力而实际上纯粹为误导的图景。事实上，我们应该承认在某种意义上，19世纪末期确实可以被描述为一个自由放任的时代。

首先，从表2-1可以看出，19世纪末有一个自由贸易体制短暂发展的时期。1846年英国废除《谷物法》之后，坚决走上了单边自由贸易主义的道路（19世纪60年代，单边自由贸易体制建立）。英国的转变依赖于英国当时无可比拟的经济优势，也与英国的帝国主义政策有着复杂的联系。1860～1880年，许多欧洲国家大幅削减关税。与此同时，世界上其余大部分国家通过殖民主义被迫实行自由贸易（见本章第三节）；几个名义上的"独立"国家，[比如拉丁美洲国家、中国、泰国（以前的暹罗）、伊朗（以前的波斯）和土耳其（以前的奥斯曼帝国）]则因为签订了不平等条约也被迫实行自由贸易（见本章第三节）。美国是一个特例。即便在这一时期，它依然维持很高的关税水平。不过，当时的美国还只是一个相对较小的经济体。因而，我们完全可以说，当时的世界已经（或将要）迈入自由贸易主义时代。

---

① Sachs and Warner 1995，该书把金本位时代定为1850～1914年。
② Ruggiero 1998，p. 131.

表 2-1 发达国家在早期发展阶段对制成品的平均关税率

单位：%[①]

国家	1820年[②]	1875年[②]	1913年	1925年	1931年	1950年
奥地利[③]	R	15~20	18	16	24	18
比利时[④]	6~8	9~10	9	15	14	11
丹麦	25~35	15~20	14	10	—	3
法国	R	12~15	20	21	30	18
德国[⑤]	8~12	4~6	13	20	21	26
意大利	—	8~10	18	22	46	25
日本[⑥]	R	5	30	—	—	—
荷兰	6~8	3~5	4	6	—	11
俄国	R	15~20	84	R	R	R
西班牙	R	15~20	41	41	63	—
瑞典	R	3~5	20	16	21	9
瑞士	8~12	4~6	9	14	19	—
英国	45~55	0	0	5	—	13
美国	35~45	40~50	44	37	48	14

说明：R 指这一时期该国对制成品进口约束众多，因此平均关税率并无意义。
①本表格参照保罗·巴路殊的研究成果。参照巴路殊的研究成果，世界银行在1991年也统计过一个类似的表格。二者的区别在于，巴路殊的数据为加权平均值，而世界银行提供的数据不是加权平均值。显然，加权平均值更可取。
②近似值限定了平均值的范围，不是极值。
③奥地利在1925年以前是奥匈帝国。
④1820年比利时统一了荷兰。
⑤1820年的数据是普鲁士的数据。
⑥1911年以前，因与欧洲国家和美国签署了一系列不平等条约，日本被迫维持低水平的关税率（最高为5%）。1925年、1930年和1950年，日本所有商品的非加权平均关税率分别为13%、19%和4%，世界银行的表中引用了上述数据。
资料来源：Bairoch 1993, p.40, 表3.3。

更重要的是，以现在的标准来看，第一次世界大战以前（甚至可能直到第二次世界大战爆发前），国家干预的范围仍然非常有限。例如，20世纪30年代以前，居于支配地位的平衡预算学说和有限的税收范围（大多数国家没有征收个人和企业所得税）严重限制了积极的预算政策的运用范围。狭窄的税收范围限制了政府预算，因此政府难以获得发展所需的大规模财政支出，然而，铁路建设则是个例外。直到 20 世纪初，大多数国家才建立了完善的中央银行制度。可见，这些国家货币政策的使用范围非常有限。总体上，银行都是私有的，几乎不受国家管理。因此，"直接贷款计划"的使用范围也很有限。第二次世界大战后，这一计划曾被日本、韩国、法国和中国台湾广泛运用，且极有成效。战后初期，许多欧洲国家，特别是法国、奥地利和挪威，采取了工业国有化、指令性投资计划等手段，这在第二次世界大战以前是不可想象的。正因为国家干预手段受限，作为政策工具，关税保护在 19 世纪的重要程度远高于现在。

正如笔者在第一章和下文指出的那样，尽管国家干预存在上述诸多限制，但事实上所有的当今发达国家在经济发展的赶超阶段都曾积极采用了干预主义的产业、贸易和技术政策，以促进幼稚产业发展。[①] 在下文中我们会看到一些例外的国家，比如瑞士和荷兰。它们那时已经拥有了先进的技术，因此并不需要大力推动幼稚产业的发展。一些国家即便已经成功实现赶超，仍然在积极沿用这些政策（比如 19 世纪初的英国和 20 世纪初的美国）。不难发现，关税保护是干预主义的产业、贸易和技术政策中一项非常重要的政策工具，但是下文我们会看到，它绝不是唯一的，或者说是最重要的政策工具。

在贸易上，发达国家过去通常采用出口补贴和出口退税的方法来刺激出口，并提供产业补贴，启动政府投资计划，尤其重视对基础设施和制造业提供补贴和投资。政府鼓励引进外国技术，有时通过合法途径，如资助考察团、到国外留学等；有时通过非法途径，如支持工业谍报活动、走私违禁机器、拒绝承认外国专利权。它们还通过向研发、教育和培训机构提供资金支持，提高国内技术实

[①] 有关"赶超时期"的经典讨论，详见 Abramovitz 1986, id. 1989。

力。此外，政府采取措施增强民众对先进科技的认知（如建立样板工厂、组织展览会、向私企提供免费进口机器等）。一些国家还建立制度，促进公私合作（比如建立公私合营企业，与政府紧密联系的行业协会等）。必须指出的是，发达国家采用过的大多数政策与措施如今却受到发达国家自身的强烈反对，即便这些政策和措施并没有明显违反当今的双边和多边协定。

当今发达国家在取得技术领先地位之后，便采取了一系列的政策，以超越事实的和潜在的竞争对手。当时处于世界经济领先地位的英国，在这方面的表现最为明显，其他国家在有可能的情况下也采取了同样的做法。英国通过限制技术工人移民和机器出口等手段，限制其先进技术向竞争国家转移，并向欠发达国家施加压力，迫使它们开放市场，必要时还动用武力。不过，这些已沦为殖民地或者是半殖民地的发展中国家并没有坐以待毙接受这些措施，而是采取了各种办法来克服上述限制措施带来障碍，甚至还采用了"非法"手段，如非法获取工人、走私机器等。①

第二节 赶超战略

在这一部分，笔者考察了一系列发达经济体——英国、美国、德国、法国、瑞典、比利时、荷兰、瑞士、日本、德国和中国台湾——的历史经验，并探索归纳出它们尚处在发展中国家阶段时，所采用的产业、贸易和技术政策。结果表明，大部分发达经济体曾经采用的政策，与它们现在向发展中国家宣扬的正统做法，并不是一回事。

---

① 笔者将"非法"这个词加上双引号，是因为这里的合法性是以英国法律标准来衡量的，这个标准可能是不被其他国家接受的（当然实际上也是不被其他国家接受的）。

一　英国

英国被视为现代自由放任学说的思想发源地，也是唯一可以宣称在某一发展阶段实行过自由贸易政策的国家。它被公认为没有采取重大国家干预行为而发展起来的国家。但是通过进一步研究表明，这并不是事实。

后封建时期（13~14世纪）的英国还是一个相对落后的国家。1600年以前，英国从欧洲大陆引进技术，[1] 向当时更为发达的"低地国家"，特别是布鲁日、根特和现属于比利时的位于法兰德斯的伊珀尔，出口羊毛以及少量低附加值的羊毛纺织品（当时称为"粗布"）以获取收入。[2] 当时的英国君主对这些产品征税，主要目的只是获得收入，但对羊毛纺织品的征税要比对羊毛的征税少，这刺激了英国羊毛纺织品的进口替代和羊毛的大量出口。[3] 爱德华三世（1327~1377年在位）是第一个致力于发展本国羊毛纺织业的英国君主。为树立榜样，他只穿英国纺织品[4]，秘密引入弗兰德纺织工人，建立羊毛贸易中心，禁止进口羊毛纺织品。[5]

都铎王朝时期（1485~1603年），英国君主们采取了进一步促进本国羊毛纺织业发展的政策，而这些政策只能被称为有意的幼稚产业促进政策。丹尼尔·笛福（Daniel Defoe）[6] 是18世纪著名的商人、政治家和小说家。他在其著作《英国商业计划》（*A Plan of*

---

[1] Kindleberger 1996, p. 109.
[2] Ramsay 1982, p. 59; Davies 1999, p. 348.
[3] Ramsay 1982, p. 59.
[4] 战后日本和韩国采取了类似措施，以限制奢侈品消费，尤其是进口奢侈品的消费（详见 Chang 1997）。
[5] Davies 1999, p. 349; Davis 1966, p. 281.
[6] 丹尼尔·笛福是英国作家，代表作为《鲁滨孙漂流记》。——译者注

English Commerce）中描述了幼稚产业促进政策。[①] 这本书并不是笛福的代表作品，几乎被人们遗忘了。书中，笛福详细描述了都铎王朝的君主们是如何将英国从一个高度依赖于向"低地国家"出口羊毛原材料的国家，转变为世界上最强大的羊毛加工国的。其中对亨利七世（1485～1509年在位）和伊丽莎白一世（1558～1603年在位）统治时期的描述尤为详细。[②]

笛福认为，亨利七世在1485年加冕以前，曾在勃艮第流亡。[③]勃艮第等"低地国家"建立在羊毛加工业基础之上的经济繁荣景象给他留下了深刻印象。于是，从1489年开始，亨利七世采取措施促进英国本土的羊毛加工业，主要措施有：派遣皇家特派团为羊毛加工业基地选址[④]、秘密引入"低地国家"熟练的纺织工人[⑤]、提高羊毛出口赋税，甚至有意禁止羊毛出口。G. D. 拉姆齐（G. D. Ramsay）在书中也记录到，英国曾在1489年、1512年、1513年和1536年立法，除了低于特定市场价值的粗加工品以外，禁止纺织半成品出口。他发现，英国的这些立法举动反映了一个后来颇具

[①] 笔者必须感谢埃里克·赖纳特。他的著作引起了我对这本书的兴趣（详见Reinert 1996）。

[②] Defoe 1728, pp. 81 – 101.

[③] Defoe 1728, p. 94. 然而，在这里笛福犯了一个错误。事实上，亨利七世在1485年加冕之前的流亡地是法国和布列塔尼，而不是勃艮第（详见Gunn 1995, p. 9）。作为兰卡斯特王室成员，年轻的亨利为逃避约克党迫害，无论如何是不可能流亡到勃艮第的。当然，笛福的这个错误并没有改变一个基本观点：在亨利七世时期，英国赶超的目标是"低地国家"，包括勃艮第。笔者感谢汤姆·佩恩提供了这个观点。

[④] 笛福指出，亨利七世"在英国建立的几个羊毛纺织品加工基地中，尤以西约克郡的韦克菲尔德、利兹和哈里法克斯最为重要。建立合适的纺织工业基地需要具备以下条件：优越的地理位置、合适的工人、丰富的水、煤炭资源等"（详见Defoe 1728, p. 95）。

[⑤] 根据笛福在书中的记述，亨利七世秘密引进了大批熟练工人，并指导英国的初学工人（详见Defoe 1728, p. 96）。

"影响力"的观点:"出口羊毛纺织品胜过出口羊毛,同样,出口成衣和染色纺织品胜过出口半成品。"①

正如笛福所强调的,亨利七世意识到缩小英国与"低地国家"的技术差距需要很长时间,因此他采取了循序渐进的方法。② 根据这种方法,英国的羊毛纺织业发展得越好,英国政府所征收的羊毛出口关税就越高。但是只要英国还不具备完全消化本国羊毛总产量的能力,英国就会继续出口羊毛。③ 根据笛福在书中的记载,直到伊丽莎白一世时期(1587年),距离亨利七世1489年开始实施进口替代政策已近100年后,英国羊毛加工业才发展到具有足够强大的国际竞争力,英国进而完全限制了羊毛出口。④ 最终,英国厂商打败了"低地国家"的羊毛加工业。

除了上述进口替代政策以外,笛福认为,还有其他因素也促成了英国伊丽莎白一世时期羊毛纺织业的成功。其中包含一些偶然因素,比如1567年西班牙独立战争之后,作为清教徒的弗兰德纺织工人开始向外移民。当然,英国也有意创造了一些条件:为了开辟

---

① Ramsay 1982, p. 61.
② 亨利七世意识到,"弗兰德人长期从事羊毛纺织业,经验丰富,并致力于不为英国人所知的新品种的开发。即便英国人知晓新品种,英国也没有相应的技术来模仿生产。因此亨利七世意识到他需要循序渐进地发展生产"(详见 Defoe 1728, p. 96)。所以他知道:"……要实现这一目标需要付出极大的努力,而且非常慎重,不能草率行事,也不能操之过急"(详见 Defoe 1728, p. 96)。
③ 亨利七世"没有立即禁止向弗拉芒出口羊毛,多年以后,他虽然提高了羊毛出口关税,但没有禁止羊毛出口"(详见 Defoe 1728, p. 96)。对于完全禁止羊毛出口的问题,笛福说,"亨利七世远未完成他的计划,以至于在他统治时期,他从未完全取缔羊毛出口"(详见 Defoe 1728, p. 96)。因此,尽管"亨利七世曾经假装停止羊毛出口,但他实际上对违背这条禁令的行为采取的是默许态度,后来他干脆取消了这一禁令"(详见 Defoe 1728, pp. 96-97)。
④ Defoe 1728, pp. 97-98.

新市场,伊丽莎白一世派遣贸易特使拜访罗马教皇、俄国君主、莫卧儿帝国君主和波斯国君主。英国耗费大规模投资获得了世界航海霸权并占领了新市场,还将这些市场殖民地化,进而垄断殖民地市场。①

我们很难说清楚以上因素在英国羊毛纺织业成功中发挥的重要性。不过,非常明确的一点是,如果没有亨利七世以及他的继任者们实施的幼稚产业促进政策,英国很难或者说不一定能实现工业化的初步成功。18世纪,英国羊毛纺织业的出口额至少占其出口总额的一半。可以这么说,如果没有羊毛纺织业的发展,英国也就很难取得工业革命的胜利。②

罗伯特·沃波尔(Robert Walpole)是英国乔治一世统治时期(1714~1727年)的第一位首相。1721年,沃波尔进行商法改革,这标志着英国产业和贸易重心的重大转变。

在此之前,英国政府总体上以征服贸易 [主要通过殖民化和《航海法案》(Navigation Acts)来实现,因此需要通过船队与他国进行贸易往来③] 和提高政府收入为主要目标。这样看来,上述促进羊毛纺织业发展的政策似乎是一个例外。即便如此,这一政策也是出于提高政府收入的目的。然而,与此不同的是,1721年以后,英国开始以提升制造业为政策目标。为了推广新政策,沃波尔在国王对议会的演讲中指出,"显然,没有什么比出口制成品、进口原材料,更有助于提高公共福利了"④。

---

① Defoe 1728, pp. 97 – 101.
② 1700年,英国纺织品(主要是羊毛纺织品)的出口额大约占出口总额的70%。直到18世纪70年代,这一比例仍然超过了50%(详见 Musson 1978, p. 85)。
③ 关于早期《航海法案》的形成与发展,详见 Wilson 1984, pp. 164 – 165.
④ 详见 List 1885, p. 40. 李斯特认为,这"成为英国几百年来商业政策的准则。它以前是威尼斯共和国商业政策的准则"。

1721 年的立法及其随后的补充条款主要包括以下内容①：一是降低或者免征制造业原材料的进口关税。② 二是提高出口商进口原材料的退税水平，如海狸皮的出口退税幅度高达 50%。③ 早在威廉和玛丽统治时期，英国就已建立完善的退税制度。④ 三是取消大多数制成品的关税。⑤ 四是大幅提高外国制成品的进口关税。五是扩大出口补贴范围。英国于 1722 年和 1731 年先后将丝绸制品、火药纳入补贴范围，又于 1731 年和 1733 年先后对帆布和精制糖进行出口补贴。⑥ 六是制定规则，严格管控产品的质量（特别是纺织品质量），避免个别不良企业损害英国产品在整个海外市场上的声誉。⑦

布里斯科（Brisco）这样总结 1721 年立法的基本原则："必须保

---

① 想了解更多信息，参见 Brisco 1907, pp. 131 – 133, 148 – 155, 169 – 171; McCusker 1996, p. 358; Davis 1966, pp. 313 – 314; Wilson 1984, p. 267。
② 有趣的是，为促进染色工业的发展，英国取消了染料进口关税。但"为了不惠及外国制造商"，英国同时对染料征收出口关税（详见 Brisco 1907, p. 139）。
③ Brisco 1907, p. 132.
④ 布里斯科指出，为了促进啤酒、麦芽酒、苹果酒和梨子酒的出口，英国在威廉和玛丽统治时期第一次实行了退税政策。第二次世界大战后，东亚国家成功地运用了退税政策，使这一政策闻名于世（详见 Brisco 1907, p. 153）。
⑤ 直到 17 世纪末，同大多数进口产品一样，大多数出口产品的关税税率也为 5%。威廉三世把进口关税税率提高至 15% ~ 25%，而大多数出口产品的税率仍保持在 5%（详见 Davis 1966, pp. 310 – 311）。在沃波尔执政时期，英国仍对明矾、铅、铅矿石、锡、精制皮革、煤、白色羊毛纺织品、兽皮和毛出口征税（详见 Brisco 1907, pp. 310 – 311）。
⑥ 布里斯科指出，在沃波尔执政期间，英国并没有对新兴产业进行出口补贴，而是补贴了原有产业（详见 Brisco 1907, p. 1527）。
⑦ 布里斯科认为，"沃波尔清楚，要想在激烈的市场竞争中胜出，英国必须保证产品质量。一些厂商为了击败竞争对手，不惜以低于市场价的价格抛售商品，降低了产品质量，进而影响了英国其他产品的声誉。保证产品质量的唯一途径就是政府监管并规范厂商生产"（详见 Brisco 1907, p. 185）。我们看到了这项政策的现代版本，比如战后日本和韩国就采用了这种政策，两国的国家贸易机构不仅负责寻找信息和市场渠道，而且负责监督出口产品的质量。

证国内生产商免受国外制成品竞争；必须保证国内制成品的自由出口，并给予尽可能多的奖励和补贴。"① 有意思的是，战后的某些国家和地区，如日本、韩国采取的政策背后的基本原则与1721年英国改革所采用的基本原则惊人地相似。本章第二节会就此进行详细论述。

伴随着18世纪后半叶的工业革命，英国开始扩大领先其他国家的技术优势。然而，即便在那时，英国仍在沿用产业促进政策，并一直沿用至19世纪中叶，那时英国已经成为当时世界上技术最先进的国家。②

关税保护无疑是英国产业促进政策的首要组成部分。从表2-1中可以看出，直到19世纪20年代，也就是工业革命开始后大约两代人的时间，虽然在技术上远领先于其他竞争国，但是英国对工业品仍保持了非常高的关税水平。除了关税保护措施之外，英国还采取了其他措施促进新兴产业发展。

首先，如果来自英国某些殖民国家的优势产品威胁了英国本土产业，英国就会立刻取消对这种产品的进口。1699年，英国实施《羊毛法案》(Wool Act)，禁止进口殖民地的羊毛制品，进而挤垮了爱尔兰当时已颇具竞争力的羊毛产业（详见本章第三节）。1700年，英国禁止进口优质的印度棉纺织品（"印花棉布"），随后这个当时世界上最富效率的印度棉纺织业走向衰败。1813年英国东印度公司垄断国际贸易，当时英国的棉纺织品的生产效率超过了印度（详见本章第三节），于是印度棉纺织业被彻底挤垮了。1873年，在印度本土的棉纺织业全军覆没60年以后，英国有大约40%~45%

---

① Brisco 1907, p.129.
② 戴维斯在1966年指出，1763~1776年是贸易保护主义广泛传播的时期。贸易保护主义的广泛传播对亚当·斯密在1776年出版的著作《国富论》的重商主义观点产生了一定影响（详见 Davis 1966）。

的棉纺织品出口到印度。①

然而，到 1815 年拿破仑战争结束时，信心十足的英国制造商们要求自由贸易的呼声日益增高。在这一时期，英国掌握了当时世界上大部分产业的最先进的技术并且拥有很高的生产效率。比利时和瑞士等国家在个别领域要领先于英国（见本章第二节）。虽然英国 1815 年通过的《谷物法》（从 1463 年开始，英国陆续通过了多部《谷物法》）加大了对农业保护的力度，但是要求英国实行自由贸易的压力越来越大。②

1833 年，英国进行了一轮削减关税的行动。1846 年，英国采取了更大的促进自由贸易的改革措施，即废除《谷物法》、取消大量工业品的关税。③《谷物法》的废除标志着古典自由主义经济理论对错误的重商主义的胜利。虽然我们不应该低估经济理论在英国政策转变中发挥的作用，但是许多熟知这一时期的历史学家指出，英国政策的这一转变或许是一种"自由贸易帝国主义"④ 行为，旨在"通过扩大农产品和原材料市场来阻止欧洲大陆的工业化进程"⑤。

实际上，许多参与废除《谷物法》运动的关键领导者，如贸易委员会的政治家理查德·科布登（Richard Cobden）和约翰·鲍

---

① 拿破仑战争后，英国棉纺织品对东印度群岛的出口量占出口总量的比重从 6% 上升到 1840 年的 22%，1873 年达到了 60%（详见 Hobsbawm 1999, p. 125）。
② 当然，在大多数情况下，制造商提倡自由贸易政策，不是因为他们领悟到了自由贸易政策的深刻内涵，而仅仅只是出于自身利益的考虑——从棉纺织品商支持取消《谷物法》开始，到 1842 年取消棉纺织机器出口禁令（英国于 1794 首次禁止棉纺织机器自由出口）（详见 Musson 1978, p. 101）。
③ Bairoch 1993, pp. 20 – 21.
④ 这个术语出自 Gallagher and Robinson 1953。
⑤ Kindleberger 1978, p. 196. 塞梅尔（Semmel）于 1970 年做了一项著名研究，研究内容是关于 1750 ~ 1850 年的经济理论对英国贸易政策发展的作用。

林（John Bowring），对这一运动做了准确的描述。① 科布登认为：

> 在美国和德国不可能出现英国式的工厂制度。如果不是英国工匠们在高价食品上的支出扶持了美国、德国、法国、比利时和瑞士靠廉价食品度日的生产者，这些国家不可能有今天的繁荣。②

废除《谷物法》或许只具有象征意义。19 世纪 50 年代，英国通过了格拉斯通预算法案，此后英国真正转向自由贸易。1860 年英国发布预算案和签署《英法自由贸易协定》(Anglo - French Free Trade Treaty)，也被称为《科布登条约》(Cobden - Chevalier Treaty)。此后，英国取消了大部分关税。接下来将简要论述 19 世纪 50 年代英国贸易自由化的程度。"1848 年，英国对 1146 种商品征收关税。到 1860 年，除去针对奢侈品和半奢侈品的 12 种关税，英国只对 48 种商品征收关税。英国的关税制度原本是欧洲最繁杂的，现在只需要写'《惠特年鉴》中的'半页纸就足以把它说清楚了。"③

这里需要着重指出，技术上的领先优势使英国得以转向自由贸易体制，而英国的技术优势本身是通过"长期设置高额关税壁垒"获得的。④ 还应当指出，19 世纪中期英国经济全面自由化（贸易自由化只是其中一部分）是英国政府干预的结果，而不是自由放任

---

① Kindleberger 1975；Reinert 1998. 1840 年，鲍林建议德意志关税同盟成员国种植小麦，并将其出售以购买英国制成品（详见 Landes 1998，p. 521）。
② *The Political Writings of Richard Cobden*, 1868, William Ridgeway, London, vol. 1, p. 150；as cited in Reinert 1998，p. 292.
③ Fielden 1969，p. 82.
④ Bairoch 1993，p. 46.

经济政策的结果。① 还有一点需要注意,英国"走向自由贸易的进程艰难而又缓慢:从《国富论》的发表到格拉斯通预算法案的通过,中间经历了84年;从滑铁卢之战到1846年典礼的成功举行,中间经历了31年"②。

英国的自由贸易体制并没有持续很长时间。19世纪80年代,一些被国外竞争对手紧追的英国厂商开始向政府寻求保护。到20世纪初,相比美国和德国,英国已经迅速失去了制造业优势。于是英国重新引入贸易保护主义政策,这在当时成为热点之一。③ 1903年,英国杰出的政治家约瑟夫·张伯伦(Joseph Chamberliain)领导建立了关税改革同盟(The Tariff Reform League)。这一事件足以表明英国重新引入了贸易保护主义。英国最终承认自己丧失了制造业的世界霸主地位,并于1932年开始重新大规模征收关税,这标志着英国自由贸易时代的终结。④

二 美国

正如李斯特所言(见第一章),英国最早成功推行了幼稚产业

---

① 详见 Polanyi, 1957 (1944),第十二至十三章。波兰尼提出,"没有自然而生的自由放任,也从来没有自然而生的自由市场。正如英国的棉纺织业——英国最主要的自由贸易产业——是在保护性关税、出口补贴、间接工资补助等干预支持下建立起来的一样,自由放任主义其实也是由英国政府推动的。现在三四十岁的这代人不仅目睹了英国通过立法废止限制性法令法规,也见证了政府加强国家治理功能,这些治理功能现在又授权给一个中央机构,它能够实现自由主义拥护者们制定的目标。对典型的功利论者而言……自由放任不是一种完成事情的方法,而是一件需要被完成的事情"。[Polanyi 1957 (1944), p.139] 另见普雷尔曼(Perelman)在2000年关于古典经济学家认可政府干预的观点。他指出,政府干预是建立市场机制的必要手段,尤其是通过破坏小规模农业生产、建立大规模产业工人队伍的必要手段。
② Fielden 1969, p. 82.
③ Clarke 1999,该书论述了关税同盟的兴衰历程以及张伯伦在其中所发挥的作用。
④ Bairoch 1993, pp. 27–28.

促进战略,但最热衷于这个战略的是美国。保罗·巴路殊是美国杰出的经济历史学家,他把美国称作"现代贸易保护主义的发源地和堡垒"①。

然而在现代文献中,特别是在美国文献中,这一事实却几乎不被承认,甚至很多知识渊博的学者似乎对此也毫不知情。克莱夫·特里比尔科克(Clive Trebilcock)是研究欧洲工业革命的权威学者,他在评论1879年德国征收关税一事上指出,世界各国的关税水平都将上涨,甚至包括"实行自由贸易的美国"。②

即使高额关税得到人们的认可,但其重要性被严重低估了。例如,美国经济历史学家道格拉斯·诺斯(Douglass North)在提及关税时,仅将它视为美国工业发展的次要因素。他的这一观点基本代表了美国经济史学界当时的主流观点。诺斯没有对事实加以证实,仅通过一个相对偏颇的二手资料[1982年美国经济学家弗兰克·陶西格(Frank Taussig)的研究成果],就得出结论:"美国南北战争后,关税愈发具有保护性,但值得怀疑的是关税是否对制造业的发展起到了重要作用"③。

对历史进行更加仔细和公正的解读表明,幼稚产业保护主义在美国经济发展中的重要性怎么强调都不过分。从早期的殖民地时期到后来的美利坚合众国时期,保护美国本土制造业一直是一个充满争议的问题。起初,英国并不希望殖民地获得工业化发展,于是采取了相应的阻碍殖民地工业化发展的政策(见本章第三节)。美国独立前后,南方种植园主反对任何贸易保护政策,而以美国第一任财政部长亚历山大·汉密尔顿(Alexander Hamilton,

---

① Bairoch 1993, p. 30.
② Trebilcock 1981, p. 83.
③ North 1965, p. 694.

1789~1795年在任）为代表的北方工业利益集团却希望获得贸易保护。①

事实上，很多人认为，亚历山大·汉密尔顿在《1791年财政部长关于制造业问题的报告》［Reports of the Secretary of the Treasury on the Subject of Manufactures（1791），以下简称《报告》］中第一次系统提出了幼稚产业论。② 我们熟知的弗里德里希·李斯特并不是第一个提出幼稚产业论的学者。事实上，大卫·R.亨德森（David R. Henderson）和埃里克·赖纳特认为，1825~1830年，李斯特流亡美国，流亡期间，他反对亚历山大·汉密尔顿的观点，也反对美国当时最重量级的经济学家、幼稚产业保护论者——丹尼尔·雷蒙德（Daniel Raymond）的观点。③ 流亡结束后，他从最初的自由贸易主义者转变为幼稚产业保护论者。

汉密尔顿在他的《报告》中指出，如果政府不对幼稚产业最初

---

① 当然，一个人的思想并不能百分之百匹配他的身份和地位。尽管杰斐逊（Jefferson）是一位南方奴隶主，却十分拥护幼稚产业保护主义政策。而本杰明·富兰克林（Benjanmin Franklin）虽是北方工业主，但他并不支持幼稚产业保护论。不过，富兰克林倒是支持对美国制造业进行贸易保护。这是因为在土地充足、劳动力短缺的情况下，美国工业无法像英国那样，通过给工人支付维持最低生活水平的工资，渡过难关。如果不对其实施贸易保护，美国工业就永远无法与英国工业竞争（详见 Kaplan 1931, pp. 17-27）。

② 详见 Corden 1974，第八章；Freeman 1989；Reinert 1996。当然，在亚历山大·汉密尔顿之前，已有学者在其著作中阐述了幼稚产业理论的思想（详见 Reinert 1995）。根据巴路殊1993年的报告，在1791年汉密尔顿的《报告》之后，李斯特出版《政治经济学的国民体系》之前，还有其他学者提倡幼稚产业保护主义，比如德国的亚当·穆勒（Adam Muller）、法国的吉恩-安托万·查普托（Jean-Antoine Chaptal）和查尔斯·杜平（Charles Dupin）。

③ Henderson 1983；Reinert 1998。关于李斯特的生活和工作情况，详见 Henderson 1983。1841年出版的《政治经济学的国民体系》涵盖了李斯特的全部观点。斯皮格尔（Spiegel）指出，1827年李斯特写给宾夕法尼亚州保护主义者的《美国政治经济纲要》（Outlines of American Political Economy）一书，在第362~363页中出现了有关国家"生产力"发展的最早观点。

的损失进行援助,那么国外竞争和"习惯势力"将使美国无法建立能快速具备国际竞争力的新兴产业(幼稚产业)。① 汉密尔顿认为,美国政府可以采取征收进口税的措施保护本国的幼稚产业,甚至在必要的情况下,可以禁止进口。② 值得注意的是,汉密尔顿的这一观点与沃波尔的观点相似——这种观点,对那个年代的美国人产生了重要影响,尤其是对汉密尔顿的政治对手。③ 同时,应该指出,沃波尔和汉密尔顿的观点与战后东亚国家的产业政策思想非常相似。

起初,美国没有统一的联邦关税制度。1781年,美国国会试图获得关税制定权的努力失败了。④ 国会在获得关税制定权之后,于1789年通过一项自由主义的关税法案,除大麻、玻璃、钉子等个别商品以外,对其他进口商品一律征收5%的关税。1792年,美国提高了大部分进口产品的关税,但当时的关税水平仍远低于汉密尔顿建议的关税水平。汉密尔顿提倡的是实施广泛的幼稚产业保护和补贴政策。直到1812年英美战争爆发以前,美国的平均关税水平一直保持在大约12.5%。1812年英美战争⑤爆发后,为了满足战时支出增加的需求,美国的关税水平翻了一倍。⑥

正如李斯特所言(见第一章),在战时形成的"自然"保护

---

① Bairoch 1993, p. 17. 巴路殊认为,汉密尔顿提出了"幼稚产业"这个术语。
② Dorfman and Tugwell 1960, pp. 31 – 32; Conkin 1980, pp. 176 – 177.
③ 艾尔金斯(Elkins)和麦吉特里克(Mckitrick)认为,"巨额的长期债务、强有力的中央银行、征税、由国家资助工业以及最终建立一支常备军队,沃波尔的上述观点与汉密尔顿及其追随者的观点非常相似,这一点不容忽视。相反,杰斐逊的观点就显得毫无说服力"(详见 Elkins and Mckitrick 1993, p. 19)。
④ Garraty and Carnes 2000, pp. 139 – 140.
⑤ 1812年战争,又称"美国第二次独立战争",是美国为确保民族独立、国家主权同英国进行的战争,发生于1812~1815年,也是美国独立后的第一次对外战争。——译者注
⑥ Garraty and Carnes 2000, pp. 153 – 155, 210; Bairoch 1993, p. 33.

下，美国的幼稚产业获得了发展，并产生了很大的政治影响。于是国内出现了维持高关税的政治需求。1816年，美国通过了一部新的关税法案，将关税维持在接近战时的水平，这标志着美国政策上的重大变化。虽然美国当时已经不需要通过提高关税来增加财政收入了，但是它仍然提高了关税税率，特别是提高了棉花、羊毛和铁制品的关税税率。[1] 根据1816年关税法案，美国对制成品征收的关税税率达到35%左右。[2] 从表2-1可得知，1820年，美国制成品的平均关税税率约40%。最初，所有美国人，包括南部各州都大力支持新关税措施，并希望借此促进州内产业发展。但是南部各州很快又开始反对提高关税，原因主要有以下两点：一是南部各州在进口英国高质产品时，利益受损；二是南部各州没能发展自己的新兴产业。[3]

南方种植园主在新英格兰地区（尤其是纽约州）航运商的支持下，迫使1820年、1821年和1823年的关税提高法案没有获得通过。[4] 然而，1824年，一部旨在提高关税的法案还是被颁布了。1828年颁布的所谓《厌恶关税法案》（Tariff of Abominations）进一步激化了美国南方与北方的矛盾。因为通过这个法案，北部和西部的农业利益集团提高了原材料和低附加值工业品（如羊毛、大麻、亚麻、毛皮和酒等）的进口关税，进一步激化了北部和西部农业利益集团与新英格兰地区以制造业为主的各州之间的紧张关系。[5]

1832年，美国又通过了一项关税法案。根据这项法案，制成

---

[1] Garraty and Carnes 2000, p. 210; Cochran and Miller 1942, pp. 15–16.
[2] Bairoch 1993, p. 33.
[3] Garraty and Carnes 2000, p. 210.
[4] Cochran and Miller 1942, p. 16.
[5] Garraty and Carnes 2000, pp. 219, 221.

品的平均关税税率为40%,而且这个法案重点保护钢铁和纺织品(如羊毛制成品的关税税率为40%~45%,成衣的关税税率为50%)。南卡罗纳州带头反对这项法案,引发了"拒绝执行联邦法危机"(Nullification Crisis)。1833年,国会通过一项折中法案。根据折中法案,美国不立刻降低所有进口商品的关税水平,而是采取在未来的10年里逐步降低关税的方式,最终把制成品的关税税率降至25%左右,并且把所有进口商品的关税税率降至20%左右。然而,以上持续10年的关税下调期于1842年结束后,美国又出台一项新的关税法案,将关税水平重新恢复到1832年的水平。①

虽然1846年美国的新关税法案降低了贸易保护水平,但是当时美国最主要的51种进口商品的平均从价关税率(ad Valorem duty)仍达27%。在民主党、纺织品生产商(希望将羊毛列入自由贸易清单)和铁路利益集团(希望能以零关税从国外进口铁)的共同努力下,1857年美国关税水平进一步降低。巴路殊把1846~1861年这段时期描述为"适度贸易保护主义时期"(modest protectionism)。② 所谓的"适度"只是从美国自身的历史角度来考察的(见表2-1)。必须指出,在运输成本高昂的时代(至少持续到19世纪70年代),虽然美国和欧洲的关税水平基本持平,但是与欧洲相比,美国的关税水平对国际贸易的阻碍更大。③

然而,南北双方围绕关税和奴隶制问题的矛盾最终引发了美国南北战争(1861~1865年)。通常我们认为奴隶问题是导致南北战

---

① Bairoch 1993, p. 34; Garraty and Carnes 2000, pp. 262 - 263, 328; Cochran and Miller 1942, p. 18.
② Garraty and Carnes 2000, p. 335; Bairoch 1993, pp. 34 - 35; Luthin 1994, p. 611.
③ 早在1838年,已开通了定期的跨大西洋蒸汽船运业务。但直到19世纪70年代,蒸汽船运输才取代帆船运输,成为海洋运输的主要方式(详见O'Rourke and Williamson 1999, pp. 33 - 34)。

争爆发的唯一原因,但事实上,关税问题是引发战争的另一个重要原因。加拉蒂(Garraty)和卡恩斯(Carnes)认为,"大部分北方人不会因为奴隶制问题而决定支持一场战争。奴隶制问题是导致南北分裂的根本原因,但北方抵制分裂不是因为奴隶制问题,而是出于维护国家统一的义务"①。如果当时南方种植园主能认识到,联邦政府对现有关税制度负有主要责任,而废除奴隶制只具有理论上的可能性,那么关税在引发南北战争上的重要性就不会被过分强调了。

如果不是共和党在总统竞选中承诺加大贸易保护的力度,赢得了最为保守的宾夕法尼亚州和新泽西州的支持,那么亚伯拉罕·林肯(Abraham Lincoln)在竞选中很难取得胜利。② 林肯在竞选演说中(见竞选纲领第12条)故意用词含糊,以此来模糊共和党的贸易自由主义色彩。③ 实际上,林肯是一个不折不扣的"蓝色阵营"贸易保护主义者。正因为如此,拥护贸易保护主义的各州认为只要林肯可以履行竞选誓言,他们可以接受含糊的竞选誓言。④

在政治生涯早期,林肯是保守的辉格党人,也是政治家亨利·

---

① Garraty and Carnes 2000, p. 405.
② Luthin 1944, pp. 614 – 624. 应该牢记,共和党是由保守的辉格党人和主张对公共土地进行无偿分配以及总体上支持自由贸易的西部民主党人组成的联合政党,它在早期并不是一个保守主义政党。
③ 该条款的内容为,在通过征收进口关税以增加一般行政收入的同时,要完善对进口商品的调控,以促进国家产业发展。我们主张,国家的贸易政策需能够确保工人工资、合适的农产品价格,以及制造商凭借技术、劳动和进取精神获得丰厚的回报,并确保国家的商业繁荣和独立(Borit 1966, p. 309)。
④ Luthin 1944, pp. 617 – 618; Borit 1966, pp. 302, 309 – 331. 一位亲历者这样描述,"宾夕法尼亚州和新泽西州代表团对关税决议案报以热烈掌声,他们的欢呼声具有极大感染力,最终观众席中的所有人都非常激动"。另一位亲历者说,"今晚宣读《本国产业保护纲领》时的场面前所未有的震撼,许多人呼喊着,更多人疯狂地挥舞着帽子和手帕,庆祝着"。

克莱（Henry Clay）的追随者。亨利·克莱倡导的"美国体系"主要包括本国幼稚产业保护（Protection for Home Industries）和基础设施建设（Internal Improvements），反对"英国体系"所提倡的自由贸易。林肯完全认同克莱的上述观点。① 竞选过程中，林肯为了团结成分复杂、年轻的共和党人，被迫对包括关税在内的大部分有争议的问题保持沉默。② 但在必要的时候，他会坚定地表明自己的贸易保护主义立场。③

林肯一贯反对奴隶制，却从未极力主张取消奴隶制。林肯把黑人看作劣等人种，反对赋予黑人选举权。在这种情况下，在林肯任期内，面对奴隶制问题和关税问题时，南方很可能更关注后者。事实上，即使在南北战争初期，林肯也明确表示，允许南方各州存在奴隶制，以保持国家团结。1862 年秋天，林肯颁布了解放奴隶法案，这并不出于他个人的道德信念，而只是为了获得战争胜利采取的战略举措。④

1862 年，美国颁布了一项新的关税法案，名义上是补偿内战期间被提高的消费税和紧急所得税，实际上是为了维持早前的贸易

---

① Luthin 1944, pp. 610 – 611；Frayssé 1994, pp. 99 – 100. 亨利·克莱后来是林肯的经济顾问之一。他是一位著名的贸易保护主义经济学家。林肯甚至任命与克莱关系密切的凯里负责财政部的关税工作，但林肯不一致的言行经常让凯里感到困惑。据说，凯里曾说："贸易保护主义使林肯当上了美国总统。然而在我记忆中，林肯从未称赞过贸易保护主义。林肯摆脱贸易保护主义的时候，就是他走向失败的时候。"（这是凯里给挪亚·海恩斯的信。在海恩斯给凯里的信中，它作为副本一同装入信封，1865 年 2 月 4 日，*Carry Papers*, Box 78；引自 Luthin 1944, p. 617。）
② 共和党是最初由北部制造业利益集团和西部小农场主于 1856 年正式组成的联合政党。
③ Luthin 1944, pp. 624 – 625；Borit 1966, pp. 310 – 312.
④ Garraty and Carnes 2000, pp. 391 – 392, 414 – 415；Foner 1998, p. 92. 为了呼吁废除奴隶制，林肯在一篇社论中写道，"如果不解放奴隶就能够挽救国家，那么我会那么做；如果需要通过解放奴隶才能挽救国家，那么我会这么做；如果需要解放部分奴隶就能够挽救国家，那么我也会这么做"（引自 Garraty and Carnes 2000, p. 405）。

保护力度。这项法案将关税税率提高至"30年来的最高水平——在很多情况下,远高于新的消费税"。① 为了满足战时开支的需要,1864年关税被进一步提高,创下有史以来的最高纪录。南北战争以北方的胜利结束,战后尽管其他税被取消了,但是关税仍然保持了战时的高水平。② 直到第一次世界大战爆发,美国一直采取幼稚产业保护政策,甚至到第二次世界大战也没有发生变化。与此同时,20世纪初的俄国是一个典型的特例,采取了新经济政策(见表2-1)。③

1913年,继民主党获得总统大选胜利之后,美国通过了《安德伍德关税法案》(The Underwood Tariff Bill),导致"列入自由贸易清单的商品种类大幅增加,平均进口关税水平大幅下降"④。根据《安德伍德关税法案》,美国制成品平均进口关税税率从44%降至25%。然而,第一次世界大战爆发后,这一法案就失效了。1921年,共和党重返白宫执政。1922年,美国通过了一项新的紧急关税法案。根据这项法案,虽然进口关税没有重新回到1861~1913年的高水平,但从进口制成品获得的有效回报增长了30%。⑤

大萧条开始之后,美国于1930年通过了《斯穆特-霍利关税法案》。巴格沃蒂认为,"这是最显眼的反贸易的愚蠢行为"⑥。巴

---

① Cochran and Miller 1942, p. 106.
② 然而,关税提高幅度非常大,以致1862年关税法案的缔造者之一、国会议员贾斯廷·莫利尔(Justin Morrill)在1870年说道,"对适当的关税税率的支持者而言,战争期间如此极端的关税税率是一个错误"(引自 F. Taussig, *The Tariff History of the United States*, Putnam, 1903; Cochran and Miller 1942, p. 106)。
③ 至少在早期,在运输成本高昂的背景下,我们不能低估美国因其远离欧洲而对美国制造商提供的天然保护(详见 Bairoch 1993, p. 35)。
④ Bairoch 1993, p. 37.
⑤ Bairoch 1993, pp. 37 - 38.
⑥ Bhagwati 1985, p. 22.

格沃蒂对这项法案做出这样的定性判断其实是一种误导。《斯穆特－霍利关税法案》是在第一次世界大战后美国成为世界上最大的债权国的历史背景下颁布的。该法案在不恰当的时间颁布，引发了国际关税战。然而，它最终并没有使美国完全摆脱传统的贸易政策。①

事实上，《斯穆特－霍利关税法案》只是轻微加剧了美国贸易保护的程度。我们从表2－1可以看出，尽管这一关税法案将美国制成品的平均关税税率提高到了48%，但美国的关税税率仍然处在美国自南北战争以来的平均关税税率的范围之内，虽然48%已接近了这个范围的上限。《斯穆特－霍利关税法案》之所以被认为加剧了贸易保护主义的程度，是基于与1913~1929年这个短暂的自由贸易主义时期进行比较得出的结果。从表2－1可以看出，1925年美国制成品的平均关税税率为37%。1931年增加到48%，增长的幅度并不大。

直到第二次世界大战以后，美国的世界工业霸主地位已受不到任何挑战，美国才开始走上贸易自由化道路。不过，应当指出的是，美国自由贸易化的程度从未达到英国在1860~1932年的水平。美国也从未像英国那样实行过零关税制度，相反美国更热衷于实施"隐藏的"贸易保护主义措施。这些"隐藏的"贸易保护主义措施主要包括：自愿出口限制（VERs）、根据《多种纤维协定》（*The Multi-Fibre Agreement*）实施纺织品和成衣配额、农产品保护和补贴（将它与英国取消《谷物法》相比）、单边贸易制裁（尤其是反倾销关税的使用）。②

---

① Kindleberger 1990a, pp. 136 – 137.
② 笔者在此感谢艾尔芬·乌尔·哈克（Irfan ul Haque）提出的这一观点。

与以诺斯为代表的上一代学者的观点相比,现在的美国经济史学家越来越认识到贸易保护主义的重要性,而在过去他们发表对贸易保护主义的积极言论都是相当谨慎的。今天,我们至少在这一点上已经达成了共识,也就是关税保护在某些关键产业发展过程中扮演了至关重要的角色,例如19世纪早期的纺织业和19世纪后半期的钢铁工业就是关键产业。① 虽然一些评论者怀疑贸易保护主义是否对国家整体福利有正面影响,但美国在贸易保护主义时期的发展历程使这种怀疑观点看起过于保守或极具偏见。

巴路殊认为,从19世纪直到20世纪20年代,美国是世界上经济发展速度最快的经济体,也是最保守的贸易保护主义国家。② 没有证据表明,1846~1861年,美国大力降低贸易保护力度对国家经济发展有显著的正面影响。而更有趣的是,1830~1910年,美国人均国内生产总值(GDP)增长最快的两个20年分别是1870~1890年(增长率为2.1%)和1890~1910年(增长率为2%),而这两个20年刚好都是美国贸易保护程度非常高的时期。③ 很难相信,贸易保护程度与经济增长之间的联系纯粹是偶然的。事实上,根据欧·鲁尔克(O'Rourke)对包括美国在内的10个当今发达国家的统计数据研究表明,在"自由贸易黄金时代"(1875~1914年),贸易保护程度(以平均关税税率衡量)与经济增长速度呈正相关。④

---

① Lipsey 2000, pp. 726 - 727.
② Bairoch 1993, pp. 51 - 52.
③ Bairoch 1993, pp. 52 - 53. 巴路殊指出,美国人均国内生产总值增长第三快的时期是1850~1870年(增长率为1.8%)。不过,这一时期增长快的原因很难评定。1850~1861年是贸易保护主义的相对低潮期,而1862~1870年是一个贸易保护力度显著增强的时期。这个时期包括南北战争(1861~1865年)时期和战后重建时期。因此,不能把这个GDP增长的第三快时期与另两个高增长时期同等对待。
④ O'Rourke 2000. 这10个国家指奥地利、加拿大、丹麦、法国、德国、意大利、挪威、瑞典、英国和美国。

当然，正如许多人所指出的那样，对某些产业实施关税保护是无用的。关于这个问题的争议不断。① 不过，人们普遍认为，19世纪30年代前美国棉纺织业本不需要关税保护，特别是在某些低附加值领域。② 另外，因为利益集团的压力和美国政策制定过程中复杂的讨价还价，一些必要的关税被制定得过高也非常可能。尽管存在上述情况，但不容否认的是，如果没有幼稚产业保护政策，美国经济不可能实现工业化，也不可能像它在赶超阶段那样发展得如此迅速。

虽然关税保护可能很重要，但关税保护政策并非美国政府在赶超阶段为促进经济发展采取的唯一政策。从1862年颁布《莫里哀法案》(*The Morrill Act*)开始，又或许早在19世纪30年代，美国政府就开始支持广泛的农业研究活动，主要包括向农业高等院校提供土地、建立政府研究机构（如动物局和农业化学局等）等。从19世纪后半期开始，美国政府加大了教育投入。1840年，美国政府公共教育投资占教育总投资的比重不到50%，而到了1900年，

---

① 关税对棉纺织业的发展到底起何种作用引起了人们的激烈讨论。陶西格认为，"大概在1824年——确定是在1832年——美国棉纺织业已经具备了在同等条件下与国外市场竞争的实力"（详见 Taussig 1892，p. 136）。陶西格首次提出了这一观点。比尔斯（Bils）反对陶西格的观点，他根据研究得出了这样的结论，"免除关税将使纺织品附加值至少降低45%，这意味着新英格兰地区大约一半的纺织品工厂将面临破产"（详见 Bils 1984，p. 1045）。2000年，阿里姆（Irwin）和特米恩（Temin）发表言论支持陶西格的观点，他们的理由是，美国棉纺织品不同于英国厂商生产的产品，因此即便取消关税，美国的棉纺织品厂商也依然可以生存。阿里姆和特米恩并不反对比尔斯的观点，即美国生产商无法在高附加值领域同英国竞争。他们只强调，大部分美国制造商事实上并没有从事高附加值领域的生产。
② Engerman and Sokoloff 2000，p. 400；Lipsey 2000，p. 726. 南北战争前夕，因为新法案使原材料进口关税保持在较低水平，所以新英格兰地区的毛纺织企业大都支持1857年关税法案所提供的适度保护。与此相反，在宾夕法尼亚州、新泽西州、马里兰部分地区、西弗吉尼亚州（以采矿业为主）等地以钢铁和煤炭为核心的新一代重工业正在发展，所以这些重工业们极力倡导贸易保护主义。

这一比重已经提高到了近80%，而且当时美国的识字率提高到了94%。另外，美国政府在发展交通运输基础设施方面起了重要作用（特别是通过向铁路公司提供土地和补偿以促进交通运输基础设施建设），这也是促进美国发展的重要因素之一。①

战后，美国联邦政府借助巨额的国防采购和研发投资对美国产业发展起到了重要作用，认识到这一点非常重要。巨额国防采购和研发投资产生了巨大的溢出效应。② 1930年，美国联邦政府的研发投资只占研发投资总额的16%，③ 而第二次世界大战后，这一比例保持在1/2～2/3。④ 美国在计算机领域、航天领域和互联网领域的技术领先地位虽有所下滑，但仍处于国际领先地位。如果没有联邦政府的国防研发资金支持，这些产业根本不会出现。⑤ 另外，美国政府的国家健康协会（National Institutes of Health，NIH）向制药和生物科技行业提供研发资金支持，为美国在这些领域长时间保持领先地位发挥了重要作用。根据美国制药行业协会提供的数据，美国制药行业43%的医药研发资金来源于行业内部，而29%的医药研发资金则是由美国国家健康协会提供的。⑥

19世纪，美国不仅是最强大的贸易保护主义堡垒，而且是抱有贸易保护主义思想的学者的聚集地。当时美国的知识分子普遍认为，"这个新的国家需要新的经济学，一种建立在不同政治体制和

---

① Kozul – Wright 1995, pp. 100 – 102, esp. p. 101, n. 37.
② Shapiro and Taylor 1990, p. 866; Owen 1966, chapter 9; Mowery and Rosenberg 1993.
③ Owen 1966, pp. 149 – 150.
④ Mowery and Rosenberg 1993，表2 – 3。
⑤ Shapiro and Taylor 1990, p. 866. 夏皮罗（Shapiro）和泰勒（Taylor）对此做了很好的总结："如果没有美国五角大楼的购买合同及其对民用研发资金的支持，就不会有波音公司，也不会出有IBM。"
⑥ 参见网址 http://www.phrma.org/publications。

经济条件下的新经济学,而不是欧洲的经济学"。① 一些美国学者认为,由于欧洲大企业可能进行掠夺性倾销,并在挤垮美国公司后,重新推行垄断价格,因此美国产业即便已具备国际竞争力,也应当受到关税保护。②

19世纪最后的25年,大部分美国本土经济学家似乎成为幼稚产业保护论的积极倡导者。丹尼尔·雷蒙德和马修·凯里(Mathew Carey)是19世纪初期美国最重要的两位拥护幼稚产业保护论的经济学家。后来的弗里德里希·李斯特就受到了雷蒙德思想的影响,而马修·凯里的儿子亨利·凯里(Henry Carey)是19世纪中后期美国经济学界的权威。19世纪50年代,马克思和恩格斯认为,亨利·凯里是"唯一重要的美国经济学家"③,并且曾担任林肯的经济顾问。④ 不幸的是,在美国经济思想发展史中,大部分倡导幼稚产业保护论的经济学家已经不被提及了。但这些经济学家实际是那个时代最杰出的经济学家,而并不是现在常被提及的美国古典经济学家(英国把古典经济学家归为二流经济学家)。

在这里特别值得注意的是,在赶超阶段,美国的许多知识分子和政治家清楚地认识到,英国古典经济学家提出的自由贸易理论对美国而言是不适用的。赖纳特指出,正因为认识到了这一点,托马

---

① Spiegel 1971, p. 364.
② Conkin 1980, p. 188. 维勒德·菲利普(Willard Philips)是极端贸易保护主义最具代表性的人物。他和卡尔文·科尔滕(Calvin Colton)是19世纪早期最著名的幼稚产业贸易保护政策的倡导者。菲利普的著作《政治经济学指南》(*A Manual of Political Economy*),是美国最早的经济学教材之一。以上详见 Conkin 1980, p. 178。
③ 关于凯里的生活和工作见上文,详见 Kaplan 1931。
④ 给魏德迈的信,1852年3月5日,见 K. Marx and F. Engels, Letters to Americans, *1848–1895: A Selection*, New York, International Publishers, 1953, cited in Fraysse 1994, p. 224, n. 46。

斯·杰斐逊竭力阻止《李嘉图等价定理》（*Ricardo's Principles*）①在美国出版（结果是徒劳的）。② 赖纳特还引用了李斯特文章中提及的一位与李斯特同时代的美国国会议员所做的评论。这位议员认为，"正如英国的制成品一样，英国的贸易理论是为了出口，而不是用于本国消费"。③

正如前文提及，亨利·凯里是美国19世纪中后期最杰出的贸易保护主义政治家，也是林肯在任早期的经济顾问之一。亨利·凯里把他的经济政策纲领命名为"美国体系"，以区别于宣扬自由贸易主义的"英国体系"。后来，亨利·凯里甚至提出，自由贸易是英国帝国主义体系的组成部分，它使美国成为初级产品出口国。④另有报道称，1860年美国总统竞选中，共和党在拥护贸易保护的一些州，将民主党讽刺为"支持英国反关税的南方分裂党"⑤。而亨利·凯里在其中发挥了重要的智囊作用。

三 德国

目前，人们普遍认为，无论是从理论上，还是从政策上讲，德国都是幼稚工业保护论的发源地。不过，从历史上看，关税保护在德国经济发展中所发挥的实际作用远没有在英国或美国的那么大。

在1834年德意志关税同盟（Zollverein）建立之前，普鲁士对本国工业的关税保护力度与此后的德意志关税同盟对整个德意志工业的关税保护力度一直都不大。特里比尔科克是研究这一时期德意

---

① 该书作者为大卫·李嘉图。大卫·李嘉图是英国古典政治经济学的主要代表之一，也是英国古典政治经济学的完成者。
② Reinert 1996, p. 5.
③ Reinert 1998, p. 296, 最早引自 F. List, *Gesammelte Werke*, vol. V, p. 338.
④ Conkin 1980, pp. 287–288.
⑤ Luthin 1944, p. 616.

志工业化的权威。他指出,"德意志关税同盟的关税政策不足以对幼稚产业提供有效的保护。甚至冶铁业的关税直到1844年才出台,但在征收关税后的很长一段时间里,也未能对冶铁业进行成功的保护"①。其他关税同盟国家不但要求提高同盟关税,而且不断向普鲁士施加政治压力,普鲁士顶住了这些压力。虽然1844年普鲁士提高了铁的关税,1846年又提高了棉布的关税,但幅度都不大。此后一直到19世纪70年代后期,关税同盟国家的关税都呈下降趋势,1862年,普鲁士同法国达成了双边贸易协议,1870年又降低了钢铁关税。②

然而,1879年,德意志帝国宰相奥托·冯·俾斯麦(Otto von Bismark)大幅度提高关税,以巩固容克地主和重工业企业家之间的政治联盟,即"铁矿和黑麦的联盟"③。此后,德意志帝国大大加强了对农业和关键的重工业部门,特别是钢铁工业的保护,但是总体上德意志帝国对其他工业的保护力度依然很低。④ 从表2-1可见,在整个19世纪以及20世纪上半期,在同等实力的国家中,德国对制造业的保护力度是最低的。

相对低水平的关税政策并不能说明德意志帝国在经济发展过程中采取了自由放任的政策。在腓特烈·威廉一世(1713~1740年在位)和腓特烈大帝(1740~1786年在位)的统治下,最终完成德意志统一的普鲁士推行了一系列政策促进新兴工业的发展。关税

---

① Trebilcock 1981, p. 41; Blackbourn 1997, p. 117. 然而,蒂莉(Tilly)引用T. 大西在哥廷根大学用德国撰写的博士论文,论文中他阐述了普鲁士商业联盟的关税有着"令人惊异的(且与日俱增的)巨大保护作用",这构成了德意志关税同盟的基础(详见 Tilly 1991, p. 191)。
② Kindleberger 1978, p. 196; Fielden 1969, pp. 88 – 90.
③ Taylor 1955,泰勒的这本书是关于俾斯麦政治的一部经典著作。
④ Blackbourn 1997, p. 320.

保护（如前文所述，这一措施本身意义不大）、授予垄断权、由皇家工厂提供廉价供应等常规措施得到推行，但更重要的措施则是政府对关键行业的直接介入。①

腓特烈大帝刚即位时，普鲁士还只是一个原材料出口国，出口的制成品仅有毛织物和亚麻织物。腓特烈大帝继续推行他父亲的重商主义政策，通过提供垄断权、贸易保护、出口补贴、资本投资和引进国外技工等一系列措施，促进了一大批行业的发展，特别是纺织业（尤其是亚麻纺织业）、五金、军火、瓷器、丝织品和制糖业的发展。腓特烈大帝还保留了很多商行，发挥今天所说的"管理顾问"的作用，从而为新兴产业，特别是餐具、制糖、五金和军火工业的发展开辟了道路。② 这些"样板工厂"就像是温室里的花朵，不可能在市场竞争下得以生存。但它们在引进新技术和产生"示范效应"方面是至关重要的。③

为了把普鲁士变成军事强国，野心勃勃的腓特烈大帝吞并了西里西亚，并致力于这个工业省的开发。他尤其重视该省钢铁业和棉纺织业的发展。他在西里西亚兴建了德国第一座高炉，招募外国熟练的织工，免费给他们每人一部织机。腓特烈大帝死后，不少活跃的官僚企业家进一步促进了西里西亚的发展，使该省成为"德国的武器库"④。

格里夫·范·雷登（Graf von Reden）是这些官僚企业家中最具影响力的。18世纪末19世纪初，他通过政府支持的工业谍报活动和猎取技术工人两种手段，成功地从更发达的国家，特别是从英国引进了先进技术（如搅拌技术）以及先进设备（如炼焦炉和蒸

---

① Trebilcock 1981, p. 26.
② Henderson 1963, pp. 136–152.
③ Trebilcock 1981, pp. 26–27.
④ Henderson 1963; Trebilcock 1981, pp. 27–29.

汽机等)。另一个显要人物是彼得·贝伊特(Peter Beuth)。1816年,彼得·贝伊特出任财政部贸易和工业司司长。1820年,贝伊特创办了著名的工艺研究所(Gewerbeinstitut)来培养技术工人。他还通过资助外国旅行搜集国外新技术的资料、购买外国机器用于仿造(将原机器提供给私营公司),以及为创办企业特别是为机器制造业、蒸汽机和机动车工业提供资金支持。①

到1842年,西里西亚的技术几乎赶上了英国的水平,西里西亚理所当然地成为欧洲大陆上最发达的地区。正如预先料到的那样,西里西亚的成功仅局限在与军事相关的工业上,范围很窄,其成功经验并不能轻而易举地扩展到其他地区。不过,西里西亚是在经济赶超阶段,国家弥补企业人才短缺的一个范例。②

从19世纪早期起,普鲁士政府就开创了新的干预形式,比在西里西亚采用的方式更微妙,又不那么直接。普鲁士政府在鲁尔地区投资修路就是一个典型的例子。③ 另一个重要例子是开展教育改革,改革措施包括新建基础教育学校和高等教育院校、重新设定教学内容(把教学内容从神学转向科学和技术)。而此时,就连牛津大学和剑桥大学都还没有讲授科学和技术。据估计,1820~1920年,约有9000名美国留学生赴德国求学。这一数据足以证明当时

---

① Trebilcock 1981, pp. 27 - 28; Kindleberger 1978, p. 192; id. 1996, p. 153. 彼得·贝伊特对机动车生产的支持尤为成功。1841年,奥古斯特·博斯希(August Borsig)在贝伊特的帮助下建立了德国第一家机动车厂。当时德国使用中的20台机动车全部是进口的。到1854年,德国机车不再只依赖进口。德国购买的69台机动车中,有67台是博斯希生产的,还向波兰出口了6台,向丹麦出口了4台。这就是"有效的进口替代引发出口的经典事例"(详见Kindleberger 1996, p. 153)。

② Trebilcock 1981, pp. 28 - 29, 76. 值得注意的是,企业家人才的缺乏是第二次世界大战后初期许多发展中国家兴办国有企业的动力之一(详见 Chang and Singh 1993)。

③ Milward and Saul 1979, p. 417.

德国高等教育的质量和水平。①

19世纪早期,普鲁士王国的政府干预也曾阻碍经济发展,比如政府反对发展银行业。② 不过,从总体上看,我们不得不赞同米尔沃德(Milward)和索尔(Saul)的论断,"对逐渐走向工业化的国家来说,相比经济学家们理想化的、简化了的英法发展模式,19世纪早期普鲁士王国政府采取的措施或许更契合经济现实"③。

19世纪40年代以后,随着普鲁士王国私营企业的快速发展,政府对工业发展的干预变得不那么明显了。不过,这不意味着政府的退出,只是政府从直接下达指令变为间接指导。奖励有前途的创新者、资助有能力的企业家、举办新机器及工业生产流程展等,这些都是这一时期政府干预的典型措施。④

德意志第二帝国时期(1870~1918年),德国私营经济进一步发展。而此时,反对进一步工业化的容克地主势力得到加强,大大削弱了政府的权威和实力。⑤ 特里比尔科克认为,在工业发展上,这一时期政府的作用基本局限在关税管理、卡特尔监管等领域(第三章将论述德国卡特尔的详细情况)。⑥

尽管这一时期政府的实力和对工业发展的干预程度均相对减弱,但关税管理和卡特尔政策对当时重工业发展仍起到了重要作用。蒂莉

---

① Kindleberger 1978, p. 191; Balabkins 1988, p. 93. 德国教育目标的调整同韩国20世纪60年代的情况类似。那时,相对于人文社会科学而言,韩国政府在大学中增加了科学和技术学科的招生人数。结果,韩国文科和理科大学生的比例由20世纪60年代的0.6∶1,上升为到80年代初的约1∶1。
② Kindleberger 1978, pp. 199 – 200.
③ Milward and Saul 1979, p. 418.
④ Trebilcock 1981, pp. 77 – 78.
⑤ 关于容克贵族势力在普鲁士官僚体系中的作用,详见 Dorwart 1953; Feuchtwanger 1970; Gothelf, 2000。
⑥ Trebilcock 1981, pp. 79 – 80.

指出，关税使得卡特尔垄断组织在重工业领域更具可行性，从而使各公司能够更积极地开展投资和创新。① 另外，这一时期德国率先建立现代社会制度，尽管德意志刚刚统一，在政治、宗教和各地区之间都呈现出很大差异，但建立现代社会制度对维持当时社会的稳定至关重要，进而刺激了投资（第三章第二节讨论社会福利制度的情况）。

四 法国

与对德国一样，人们对法国的经济政策也一直存在误解。英国自由派散布这样一种观点，即与自由放任的英国经济不同，法国经济一直由政府主导。这一观点基本符合法国大革命前及第二次世界大战后的历史实情，但并不符合除此之外的其他历史时期的情况。

法国大革命之前的经济政策通常被称为科尔贝尔主义。科尔贝尔（1619—1683）是路易十四时期有名的财政大臣，当然也是一位高度的政府干预主义者。譬如，18世纪早期，法国的技术相对落后于英国，于是法国政府从英国大规模招募技术工人。② 和其他欧洲国家一样，法国政府在大革命前也鼓励企业从事工业谍报活动，奖励从外国取得所需技术的人员，甚至委婉地以"外国产品监察长"名义任命官员，主要负责组织工业谍报活动（见本章第三节）。法国缩小与英国之间的技术差距以及大革命时成功地实现工业化的一部分原因就是法国政府做出的这些努力。③

法国大革命极大地扰乱了法国的工业化进程。米尔沃德和索尔

---

① Tilly 1996, p. 116.
② 然而，法国政府希望通过约翰·劳（John Law）的密西西比公司有组织地招募工人的做法适得其反，这促使英国在1719年出台了禁止技术工人外流的法律，特别是禁止招募技术工人去国外工作（"收买"）（详见第二章第三节）。
③ Milward and Saul 1979, pp. 270, 284; Fohlen 1973, pp. 68–69.

指出，大革命使法国经济政策发生了明显转变，因为"革命者认为，摧毁专制主义和实行更加自由放任的体系似乎是联系在一起的"①。大革命后的最初几年里，历届政府，特别是拿破仑政府，采取了一些措施促进工业，特别是技术的发展。这些措施主要包括：组织工业展览、开展机器发明竞赛、成立行业协会以增进与政府间的磋商等。②

拿破仑倒台后，自由放任的制度得以在法国牢固确立，并一直延续到第二次世界大战。许多历史学家认为，该制度的局限是法国19世纪工业发展相对停滞的主要原因之一。③

法国自由放任的制度在贸易政策上表现得最为突出。传统理论常常把19世纪英国的自由贸易和法国的保护主义相提并论，奈（Nye）提出了不同于传统观点的看法。奈对在经验基础上的数据进行分析之后，得出了如下结论："在19世纪的大部分时间里，甚至在英国自由贸易蓬勃发展的1840~1860年，法国的贸易体制比英国自由。"④ 从引自奈著作的表2-2可以看出，以海关净收入占进口净值的百分比（历史学家用来衡量保护主义程度的标准，比值越大，保护主义程度越高；反之，则越低）为衡量标准，1821~1875年，特别是在19世纪60年代初以前，法国的保护主义程度一直低于英国。⑤ 我们从表2-2中可以看出，英国和法国保

---

① Milward and Saul 1979, p. 284.
② Milward and Saul 1979, pp. 284-285.
③ Trebilcock 1981; Kuisel 1981.
④ Nye 1991, p. 25.
⑤ 表2-2说明英国经济仍然保留了某些保护主义色彩，这看似与表2-1矛盾。实际上，英国完全的自由贸易仅存在于工业制成品领域（正如表2-1所示），但英国在奢侈品领域仍保留了一些关税（正如表2-2所示）。详见本章第二节第一小节结尾处对Fielden（1969）的第一次引述。

护主义力度的早期差异较为突出。即便是在 1846 年英国废除了《谷物法》并开始实行自由贸易后的几十年里,这种差异依然显著。①

表 2-2   1821~1913 年英国和法国的保护主义

(衡量标准为海关净收入占进口净值的百分比)   单位:%

年份	英国	法国	年份	英国	法国
1821~1825	53.1	20.3	1871~1875	6.7	5.3
1826~1830	47.2	22.6	1876~1880	6.1	6.6
1831~1835	40.5	21.5	1881~1885	5.9	7.5
1836~1840	30.9	18.0	1886~1890	6.1	8.3
1841~1845	32.2	17.9	1891~1895	5.5	10.6
1846~1850	25.3	17.2	1896~1900	5.3	10.2
1851~1855	19.5	13.2	1901~1905	7.0	8.8
1856~1860	15.0	10.0	1906~1910	5.9	8.0
1861~1865	11.5	5.9	1911~1913	5.4	8.8
1866~1870	8.9	3.8			

资料来源:Nye 1991,第 26 页,表 1。

值得注意的是,在法国长达 150 年的自由主义时期,拿破仑三世统治时期(1848~1870 年在位)在某种程度上是一段特殊时期,而这一时期恰恰是法国这 150 年里唯一的经济活跃期,这一点颇为有趣。在拿破仑三世统治下,法国政府积极鼓励基础设施建设,建立了各种科研教育机构。政府还在动产抵押信贷银行、地产银行、里昂信贷银行等大型现代金融机构中推行有限责任制,并对其进行

---

① 1993 年欧文(Irwin)对奈的结论提出了诸多质疑。他的评述中最重要的一条是,19 世纪 40 年代以后,英国征收的关税大多是针对奢侈品的"收入关税",这并不会影响工业生产的积极性。作为回应,奈在 1993 年指出,即便是"收入关税"也会对工业结构产生重大影响,而且"收入关税"在 19 世纪 60 年代以后才成为英国最主要的关税形式。这样说来,奈自己的结论至少适用于 19 世纪 60 年代以前的情况。

投资和监管,促进了法国金融业的现代化。①

在贸易政策方面,拿破仑三世于 1860 年签订了著名的英法贸易条约(《科布登-谢瓦利埃条约》)。该条约大幅削减了法国关税,引领欧洲大陆进入了一个贸易自由主义时代,且这个时代一直持续到 1879 年。② 不过,从表 2-2 可见,在条约签订前夕,当时法国保护主义的程度其实已经很低了(低于当时的英国),所以该条约对减弱法国保护主义程度并没有产生多大影响。

1892 年,《科布登-谢瓦利埃条约》被允许放宽条件。多种关税,特别是对制造业所征的关税随之上升。由于没能制定与新关税制度配套的产业升级战略,因此上调关税没有给当时法国经济发展带来明显的积极效果,但同时期的瑞士收效较好(详见本章瑞士部分的内容)。费利克斯·朱尔·梅利纳(Félix Jules Méline)是法国新关税制度的制定者,但他极力反对大规模工业化,认为法国应该永远是个拥有独立农场主和小作坊的国家。③ 所以,实际上,新的关税体制与法国产业升级是格格不入的。

法国政府对经济问题采取放任态度,几乎和当时的英国政府一样,这在法兰西第三共和国时期表现得尤为明显。当时法国政局动荡不稳,基本上是由稳固的官僚机构来治理的,而控制这个官僚机构的则是十分保守的、由技术官僚组成的财政部。法国政府的预算主要包括一般行政管理、法律和治安、教育以及交通等方面的开支,这些是"小政府"所涉及的基本领域,实际上政府所发挥的调控作用微乎其微。④

---

① Trebilcock 1981, p. 184;Bury 1964, chapter 4;Cameron 1953. 卡梅伦认为,地产银行"实质上是一个政府部门"。
② 缔约详情参见 Kindleberger 1975。
③ Kuisel 1981, p. 18.
④ Kuisel 1981, pp. 9-10, 12-13.

工商部是产业政策制定的核心政府机构。但直到1886年，法国才建立现代意义的工商部，该部门的预算在政府各部门中还是最小的。法国工商部的主要职责是鼓励出口，制定关税标准，促进工业发展，其中促进工业发展主要依靠组织展览、管理商会、统计经济数据、给商人颁发奖章等方式，很少采用补贴手段。① 工商部采用的措施很有限，而且没有收到很好的效果。另外，这一时期的关税大多为了保护既有产业（特别是农业）结构，并不以实现产业升级为主要目标。②

直到第二次世界大战后，法国精英阶层才意识到应该重组国家机器，以解决本国工业相对落后的问题。在此期间，特别是直到20世纪60年代后期，为了赶上当时更发达的国家，法国政府推行了指令性政策、国有企业以及目前被称为"东亚式"的产业政策（这是个误导性的词语）。此后，法国成功完成了一场非常成功的经济结构转型，最终在产量和技术（在大多数领域）方面超过了英国。③

五 瑞典

尽管第二次世界大战后，瑞典被誉为"经济开放小国"，但它没有依靠建立自由贸易体系而进入现代化阶段。拿破仑战争结束后，瑞典政府于1816年颁布了极具保护性的关税法，禁止部分商

---

① Kuisel 1981, p. 14.
② Kuisel 1981, p. 18; Dormois 1999, p. 71.
③ 关于第二次世界大战后法国的情况，详见 Shonfield 1965; Cohen 1977; Hall 1986. 或许是出于被百年死对头法国反超的愤愤不平，许多英国评论家（不管是否支持法国）极力强调英国自由放任政策和法国国家干预政策或指令式政策之间的差别，却忽视了在法国大革命和第二次世界大战之间约150年的时间里，法国政府几乎和英国政府一样对经济不加干预（在某些方面更甚于英国）这一历史事实。

品的进出口。由于关税水平高,瑞典彻底禁止进口棉织品、故意降低棉纺织业原材料的进口关税,最终棉布产量大大提高。① 值得注意的是,这一关税制度与18世纪英国、第二次世界大战后的韩国和中国台湾地区实行的关税制度类似。

然而,约从1830年开始,瑞典的关税保护力度持续降低。② 直到19世纪末,特别是在1857年取消对食品、原材料和机器的关税之后,瑞典的关税一直保持在极低水平。③ 从表2-1可见,1875年前后,瑞典是表中所列的主要经济强国中关税最低的国家之一。

不过,瑞典的自由贸易期并没能持续很长时间。约从1880年开始,瑞典开始把关税用作保护本国农业免受新崛起的美国竞争影响的手段。1892年后,在受多项国际条约约束的情况下,瑞典依然为本国工业,特别是新兴的机器工程行业,提供关税保护和补贴。④ 从表2-1中我们可以看到,到1913年,瑞典位居欧洲制成品平均关税很高的国家之列。事实上,20世纪30年代的另一项研究也证实了这一情况。研究所涉及的14个欧洲国家中,瑞典对制造业的保护程度仅次于俄国,居第二位。⑤

由于从自由贸易主义转向保护主义,随后的几十年里瑞典经济发展十分迅速。一项统计表明,1890~1900年,瑞典的经济增长速度

---

① Gustavson 1986, pp. 15, 57.
② Gustavson 1986, p. 65.
③ Bohlin 1999, p. 155.
④ Chang and Kozul - Wright 1994, p. 869; Bohlin 1999, p. 156.
⑤ Liepman 1938, 转引自 Bairoch 1993, p. 26。原始资料来源是: H. Liepman, *Tariff Levels and the Economic Unity of Europe*, London, 1938。研究涉及的14个国家有: 奥匈帝国、比利时、保加利亚、芬兰、法国、德国、意大利、罗马尼亚、俄国、塞尔维亚、西班牙、瑞典、瑞士和英国。研究不涉及的国家是: 丹麦、挪威、葡萄牙和荷兰。在这些国家中,挪威的关税很高,葡萄牙和荷兰的关税保护程度比瑞典的要低得多,而丹麦的关税保护程度较低,但工业关税很高。

(以每个工时创造的 GDP 来衡量)在 16 个主要工业国中居第二位,仅次于芬兰;而 1900~1913 年,瑞典的经济增长速度则居第一位。①

19 世纪后期,瑞典把关税保护、工业补贴和旨在鼓励采用新技术的研发支持有机结合起来,使这一时期的关税保护政策大获成功。经济历史学家们普遍认为,瑞典当时促进工业发展的一系列措施极大地促进了某些幼稚工业的发展。但这些措施也存在消极影响,导致出现了大量效率较低的小公司。②

关税保护和工业补贴并不是瑞典促进工业发展的唯一手段。更有趣的是,在 19 世纪后期,瑞典形成了密切的公私合作模式,这种合作模式是当时其他国家无可比拟的,甚至连有着悠久公私合作传统的德国也不能与之相比。

这种合作模式最初是通过瑞典政府参与农业灌溉和排水工程建立的。此后,自 19 世纪 50 年代起,同样的合作模式被应用于铁路建设领域。当时私有经济引领铁路建设模式(以英国为突出代表)居于主导地位,但瑞典的建设模式与主导模式截然不同。在瑞典模式里,政府修建铁路干线(1870 年竣工),并且允许私营企业建设支线。支线的建设和运营需要获得政府批准。1882 年以后,政府在价格上控制支线。1913 年,国有铁路公司建设的铁路里程占铁路总里程的 33%,国有铁路公司运输的货物占货物总量的 60%。③

类似的公私合作模式被应用到了瑞典其他基础设施建设领域——19 世纪 80 年代的电话电报业以及 19 世纪 90 年代的水力发电业。经常

---

① Baumol et al. 1989, p. 88, 表 5-1。这 16 个国家分别是:澳大利亚、奥地利、比利时、加拿大、丹麦、芬兰、法国、德国、意大利、日本、荷兰、挪威、瑞典、瑞士、英国和美国。
② Chang and Kozul-Wright 1994, p. 871; Heckscher 1954, p. 259; Bohlin 1999, p. 158.
③ Samuelsson 1968, pp. 71-76; Bohlin 1999, p. 153.

有人提出，这种私有企业与国有企业在基础设施建设领域的长期技术合作，对培育爱立信（电话）瑞典通用电气公司、阿西亚公司（现隶属于 ABB 集团①，主要生产铁路和机电设备）等世界一流公司至关重要。②

公私合作模式也被应用到了基础设施建设以外的其他领域。1747 年，瑞典出现了一个半自治的"钢铁理事会"（Iron Office），也被称作雇主协会，理事由铁矿主协会（the Association of Ironmasters）的成员选举产生。该理事会采取的措施主要有：维护价格卡尔特，发放补贴贷款，提供地理资料和技术，资助引进技术所需的交通费，促进冶金研究等。19 世纪中叶，冶铁业被放开。1835 年，冶铁业率先实现了生铁在全国范围的自由贸易。1858 年，政府取消了对冶铁业的大多数限制政策。然而，这个时期的雇主协会仍然继续与政府合作，改进技术标准，提高工艺水平。有趣的是，瑞典的这些做法类似于后来东亚国家著名的公私合作模式。③

瑞典政府努力从国外引进先进技术（包括利用工业谍报活动，对此的介绍见本章第三节）。然而，更值得注意的是，瑞典政府同样高度重视提升现代著作中的所谓"技术能力"。④ 为了鼓励技术引进，瑞典政府资助考察和研究，报销交通费。1809 年，政府设

---

① ABB 集团属于全球五百强企业，集团总部位于瑞士苏黎世。ABB 由两个有 100 多年历史的国际性企业——瑞典的阿西亚公司（ASEA）和瑞士的布朗勃法瑞公司（BBC Brown Boveri）在 1988 年合并而成。——译者注
② Chang and Kozul‐Wright 1994, pp. 869‐870; Bohlin 1999, pp. 153‐155. 1903~1918 年，在电话行业，斯德哥尔摩国有电报管理局（Telegrafverket）和斯德哥尔摩私人电话公司（Stockholm）之间爆发了一场"电话大战"，最后，国有电报管理局吞并了私人电话公司。
③ Gustavson 1986, pp. 71‐72; Chang and Kozul‐Wright 1994, p. 870. 关于东亚国家公私合作的情况，详见埃文斯（Evans）1995 年的经典著作。
④ Chang and Kozul‐Wright 1994, p. 870.

立了教育部,到19世纪40年代,瑞典实现了小学义务教育。19世纪60年代,人民中学建立起来了。到1878年,瑞典实现了6年制义务教育。在更高的层次上,瑞典政府帮助建立了多所技术研究所,其中最有名的是哥德堡的查尔姆斯技术研究院,还向工业,特别是冶金业和木材相关的工业,提供直接的研究经费。①

1932年,瑞典社会党赢得大选(从那时起直到现在,社会党在野时间还不到10年)。1936年,工会和雇主协会签订了一项"历史性合约"(The Saltsjöbaden Agreement)。合约签订后,瑞典的经济政策发生了巨大变化。1936年合约签订后形成的政策体制最初体现在:雇主投资建设一个高福利国家并不断增加投资,以换取工会降低对工资的要求。②

第二次世界大战后,该制度在促进瑞典产业升级上的潜力被发挥出来。20世纪50~60年代,瑞典工会联盟(中央集权的工会组织)通过了雷恩-梅特纳计划(Rehn-Meidner Plan)③。该计划倡导实行"社会连带"工资政策,旨在各行各业实现同工同酬。这给低工资行业的资本家压力,迫使他们实行资本升级或裁员,同时使高工资行业的资本家获得更多的利润,进而开始以前所未有的速度扩张。当时积极的就业市场政策是这一政策的有力补充,它为在产业升级过程中失业的工人提供再培训和再就业的机会。人们普遍认为,这个战略为瑞典战后早期产业结构的成功升级做出了贡献。④

---

① 关于"技术能力"的开创性著作,详见 Fransman and King 1984;Lall 1992。
② Korpi 1983;Pekkarinen et al. 1992;Pontusson 1992. 不过,庞特森(Pontusson)在书的第46~47页指出,合理化委员会(1936~1939年)(Rationalisation Commission)确立了战后所谓的"积极劳务市场政策"的基本原则。
③ LO 1963. 这一文件详细阐述了雷恩-梅特纳计划。
④ Edquist and Lundvall 1993, p. 274.

瑞典战后的产业升级战略是建立在社会连带式的工资谈判和积极的就业市场政策的产业升级战略基础上的，这不同于本章讨论的其他国家所采取的战略。虽说不同，但这两种战略实际上都是建立在对现实世界经济运行状况的类似理解的基础上的，也都认同，向高附加值的经济活动转型对一个国家的繁荣至关重要。若单单依靠市场力量，这种转型可能不会按社会所期待的速度实现。

六　其他欧洲小国

（一）比利时

15世纪，低地国家的毛纺织业处于统治地位，前文已经就此进行了讨论。毛纺织业集中之地就是后来的比利时，比利时的毛纺织业后来逐渐趋于衰败，一个主要原因是来自受保护的英国生产者的竞争。但比利时的工业实力并没有因此被削弱，它成为继英国之后第二个开始工业革命的国家。

与法、德两国相比，比利时国土面积相对小，加上其政治上的弱势地位，这些现实条件对比利时造成了诸多不利的影响。但到了19世纪早期，比利时仍是欧洲大陆工业化程度最高的国家之一。当时，比利时在某些工业领域，特别是毛纺织业领域，拥有世界上最先进的技术。虽然到19世纪中期，比利时在一些领域丧失了技术优势，但它在纺织业、钢铁业、有色金属、化工等工业领域的技术仍然领先，依然是当时世界上工业化程度最高、最富裕的国家之一。[①]

主要凭借技术优势，比利时在整个19世纪和20世纪早期一直

---

① Milward and Saul 1979, pp. 437, 441, 446; Hens and Solar 1999, p. 195.

是对经济保护程度较低的国家之一（见表2-1）。亨斯（Hens）和索拉尔（Solar）认为，比利时一直是一个"热忱的自由贸易国"，尤其在19世纪60年代至第一次世界大战之间。①

不过，在这段时期之前，比利时的经济保护程度远高于荷兰和瑞士（见下文）。在18世纪的前75年里，比利时还处在当时的奥地利政府的统治之下。奥地利政府大力保护它不受英、德等国竞争的影响，并积极投资比利时的工业基础设施。②19世纪早期，比利时作为尼德兰联合王国（1815～1830年）的一部分，在威廉一世的统治下推行积极的产业、贸易和技术政策。直到19世纪50年代，比利时的一些行业仍处在高度的保护之下——对棉布、羊毛、亚麻征收的关税税率高达30%～60%，对钢铁征收的关税税率高达85%。直到1850年，比利时才废除《谷物法》。③

（二）荷兰

17世纪，荷兰是世界上居于统治地位的航海和贸易强国。17世纪被称为荷兰的"黄金世纪"（Golden Century）。在这一时期，荷兰东印度公司甚至比英国东印度公司还要风光。然而，18世纪则被称为荷兰的"假发时期"（Periwig Period）。在这一时期，荷兰在航海和贸易方面的优势明显衰退。1780年第四次英荷战争以荷兰的战败告终，标志着荷兰世界霸主地位的终结。④

很难说清荷兰为何没能将其在航海和贸易上的优势转化为工业和整体经济上的优势。一部分原因是，既然有了世界一流的贸易基

---

① Hens and Solar 1999, pp. 194, 197.
② Dhondt and Bruwier 1973, pp. 350 - 351; Van der Wee 1996, p. 65.
③ Milward and Saul 1977, p. 174; Fielden 1969, p. 87.
④ Boxer 1965, chapter 10. 据金德尔伯格统计，荷兰的经济实力在1730年达到了巅峰（详见 Kindleberger 1990b, p. 258）。

础，比如今天的中国香港，荷兰为什么还要辛辛苦苦地发展工业呢？然而，英国充分发挥了类似的贸易优势，促进本国工业的发展（比如英国政府曾颁布若干航海法案、强制要求使用英国船只运送进出口货物等）。那么，为什么荷兰没有这样做呢？其实荷兰政府早在16世纪和17世纪初期试图确立商业霸权的时候，就曾毫无顾忌地推行过扩张性的重商主义航海、渔业和国际贸易条例。那么为什么荷兰在成为霸主之后反倒没有实行相应的举措呢？这一问题着实令人费解。①

人们对此有多种解释，比如沉重的消费税导致工资过高、缺乏煤铁储备、企业家精神的衰落和食利心态的萌生、消费水平过高等。一些历史学家还指出，比利时的工业实力一直是其邻国荷兰工业发展的绊脚石②。最有趣的是，李斯特提出，荷兰的相对衰退是因为它未能建立工业发展所必需的一套公共政策和配套体制。赖特（Wright）还认为，过低的关税阻碍了荷兰工业的发展。③

不管是出于何种原因，荷兰终究未能达到与英国、德国和比利时等竞争对手相同的工业化水平。不过，荷兰凭借其庞大的商业网络，直到20世纪早期仍然是世界上最富裕的国家之一④。

17世纪后期至20世纪早期，不力的政策使荷兰陷入困境，但威廉一世在位期间（1815~1840年）做出的努力是一个特殊情况。威廉一世建立了许多机构，为工业融资提供补贴，其中最重要的一

---

① 德国历史学派的施穆勒对荷兰旨在建立商业霸权的各项政策做了一个简洁而有启发性的论述。这些政策包括：殖民政策、航海政策、黎凡特贸易法规、有关捕捞鲱鱼和鲸的法规等（详见 Schmoller 1884, esp. pp. 52-53）。
② Kindleberger 1990b, p. 259; id. 1996, pp. 100-104; Milward and Saul 1977, p. 201.
③ List 1885, pp. 33-34; Wright 1955.
④ Dhondt and Bruwier 1973, pp. 329, 355.

个是 1824 年成立的尼德兰贸易公司（Nederlandsche Handels - Maatschappij）。自 1831 年起，爪哇殖民地被强迫种植咖啡、糖、靛蓝染料等经济作物，该公司利用从爪哇殖民地垄断贸易中获得的利润，通过实行有针对性的采购政策（特别是对制糖、造船和纺织业）来支持荷兰工业。① 威廉一世还在 1821 年建立了国家工业基金会，1822 年建立了反辛迪加组织和民族工业促进会。19 世纪 30 年代，政府还大力支持现代棉纺织业特别是屯特地区的棉纺织业的发展。②

然而，19 世纪 40 年代后期起，荷兰又恢复了自由放任的贸易体制，并一直持续到第一次世界大战，某种程度上甚至持续到了第二次世界大战。第一，从表 2-1 我们可以看出，除了 19 世纪后期的英国和恢复关税自主权之前的日本，荷兰是当今发达国家中对贸易保护程度最低的国家。第二，由于专利法导致了人为的垄断，1869 年荷兰废除了专利法（该法最初于 1817 年实行）。当时席卷欧洲的反专利运动是促使荷兰废除专利法的原因之一，反专利运动实际上与自由贸易运动密切相关（详见第三章第二节）。尽管受到诸多国际压力，荷兰在 1912 年再次颁布了专利法（详见下文）。③ 第三，荷兰政府曾特意创建了一家私营公司，该公司由国家组建和资助，同已有的两家私营公司在管理国有铁路方面展开竞争。④ 这一做法在当时是前所未有的，严格地讲，这并不是自由放任政策，但它确实是现代促进竞争的积极产业政策的前身。

在相对自由放任的这段时期里，荷兰经济整体上一直很不景气，

---

① Van Zanden 1996, pp. 84 - 85.
② Kossmann 1978, pp. 136 - 138; Henderson 1972, pp. 198 - 200.
③ 详见 Schiff 1971。
④ Van Zanden 1999, pp. 179 - 180.

工业化水平也相当低。据麦迪逊（Maddison）的权威统计（以1990美元计算），即使在长达一个世纪的相对衰落之后（1756美元对1561美元），1820年荷兰仍然是世界上仅次于英国的第二富国。然而，一个世纪过去了，到1913年，至少有6个国家赶超了荷兰，即澳大利亚、新西兰、美国、加拿大、瑞士和比利时。德国也几乎赶上了荷兰。1820年，荷兰的人均国民收入为1561美元。而德国的人均国民收入仅为1112美元，约为荷兰的71%。到1913年，两国的人均国民收入已相差无几，荷兰的人均国民收入为3950美元，德国的人均国民收入已达到3833美元（详见表3-7）。①

基于以上原因，第二次世界大战末期，荷兰制定了带有强烈干预色彩的政策。从第二次世界大战后至1963年，荷兰推行积极的产业政策，主要包括对两家大公司（一家钢铁公司和一家苏打公司）实施财政支持、给落后地区提供产业补贴、鼓励发展技术教育、通过补贴燃气促进铝业发展、开展基础设施建设等。②

（三）瑞士

瑞士是欧洲最早实现工业化的国家之一。毕驰（Biucchi）认为，瑞士的工业革命只比英国晚20年。到1850年，虽然瑞士体制的分散性和多种异族文化造成的异质性特征使国内各州工业化程度并不均衡，但瑞士和比利时一样位居世界工业化程度最高的国家之列。③

19世纪20~30年代，瑞士棉纺织业的发展尤为迅速。米尔沃德和索尔指出，"1822年，瑞士棉纺织业1/3~1/2的棉纱从英国进口。但是到1835年，瑞士几乎不再从英国进口棉纱了"。④ 瑞士不

---

① Maddison 1995.
② Van Zanden 1999, pp. 182-184.
③ Biucchi 1973, pp. 464, 628.
④ Milward and Saul 1979, pp. 454-455.

少重要工业领域的技术处于世界领先地位,特别是棉纺织业。在棉纺织业的许多部门里,瑞士的技术水平甚至高于英国。①

瑞士没有实施幼稚产业保护政策,主要有以下几方面原因:一是瑞士的技术水平与当时世界上最领先国家的技术水平之间的差距非常小,所以政府没有必要对国内幼稚产业进行保护;二是,瑞士国土面积小,实施保护政策的代价要比其他大国更高;三是,瑞士高度分散的政治结构使集中进行幼稚产业保护的空间极小。②

毕驰认为,早在16世纪,自由贸易就已经成为瑞士最重要的经济政策。不过,他也承认,拿破仑的干预给瑞士提供了应对英国竞争的"天然"保护,特别是在英国纺织业机器化大生产成功拉大了两国之间技术差距的情况下,瑞士获得了重要的喘息机会。③当然,瑞士的自由放任政策并不意味着瑞士政府在制定政策的过程中没有战略意识。这方面的一个重要的例子是,虽然面临强大的国际压力,但是直到1907年,瑞士才制定专利法。有人认为,瑞士的反专利政策促进了不少工业部门的发展。受此影响较大的是化工业和制药业,这两大产业一直大肆窃取德国技术。另外,食品行业缺少专利保护反而吸引了外国直接投资(对此的详细讨论见本章第三节和第三章第二节)。④

七 日本及东亚新兴工业化国家

日本登上工业化舞台相当晚。1854年美国通过臭名昭著的黑

---

① Biucchi 1973, p. 629.
② Biucchi 1973, p. 455.
③ Biucchi 1973, pp. 628, 630 – 631.
④ 详见 Schiff 1971。

船事件迫使日本打开了国门。① 此前日本在同葡萄牙和荷兰商人的交往中已经对欧洲世界有所了解，但随着日本对西方开放的不断扩大，本国的落后状况让日本人大为震惊。不久后，日本的封建统治秩序土崩瓦解。1868年明治维新之后，一个不断向现代化迈进的新制度在日本建立起来。从那时起，日本政府一直在本国发展中发挥着至关重要的作用。

1858年，日本被迫签订了一系列不平等条约，规定其关税不得超过5%。这一系列不平等条约使日本在早期的发展中，无法实施关税保护政策。举个例子，从表2–1中可见，1875年，日本制成品的平均关税税率是5%，尽管美英之间的技术差距比日英之间的要小得多，但美国同期的工业关税高达50%。因此，在1911年恢复关税自主权之前，日本政府不得不采取其他手段来促进工业发展。

首先，同普鲁士政府应对19世纪早期私营经济中企业家精神缺失而采取的做法类似，日本政府在不少行业中建立了国有样板工厂（示范厂），特别是在造船业、采矿业、纺织业（棉织业、毛纺织业、丝织业）和军事工业中。② 虽然大多数工厂在不久后就被以折扣价卖给了私营企业，但这并不意味着政府终止了对工业的干预。比如在19世纪70~80年代，大多数国营造船厂实现了私有化，但即便在实现了私有化之后，政府仍对这些造船厂给予了大量补贴。在1924年以前，日本政府对造船业及其相关的海上商业的

---

① 1853年7月8日，美国海军准将马修·卡尔布雷恩·佩里（Matthew Calbraith Perry）率领舰队强行驶入江户湾的浦贺及神奈川（今横滨）。在美国的武力胁迫下，幕府接受了开港要求，于1854年3月31日在神奈川签订了《日美亲善条约》（《神奈川条约》），日本被迫同意开放下田、箱馆（今函馆）两港口，美国船可以在这两个港口加煤上水，并得到粮食等物品的供应，从此日本被迫打开国门。——译者注。

② 详见 Smith 1955 and Allen 1981。

补贴额度占到政府补贴总额的50%～90%。日本第一个现代化钢铁厂（国营八幡制铁厂）也是由政府在1901年建立的。①

然而，日本政府对大型项目的干预并不只限于建立样板工厂，还延伸到基础设施建设领域。1881年，明治政府修建了日本的第一条铁路。为了吸引私人投资者，政府做了大量的让步，②并且在19世纪80～90年代，一直给私营铁路公司提供补贴。19世纪80年代，铁路业得到的政府补贴占到了政府补贴总额的36%。1906年，主要的铁路干线实现了国有化。此外，日本政府从1869年开始进行电报基础设施建设，到1880年，所有重要城市之间都通了电报。③

国有企业在日本现代化初期的工业和基础设施建设中发挥了何种作用？许多评论家对国有企业的作用持不肯定的态度，因为这些企业大多未能盈利。④不过，也有一些学者看到了更积极的方面。譬如托马斯·史密斯（Thomas Smith）在他的经典著作中这么评价日本明治早期的国有企业的作用：

> 1686～1880年，国有企业取得了哪些成就？从数量上看并不多：建立了二十多个现代化工厂、若干矿区、一个电报系统、不到100英里（1英里约等于1.6千米）的铁路。但这是一个崭新的开始，日本已经迈出了艰难的第一步：培养了经理人和工程师，训练了为数不多但日益壮大的工业劳动者，发现

---

① McPherson 1987, pp. 31, 34 – 35.
② "当时的私人投资者相当谨慎，直到政府许诺聘用工业省的工程师建设铁路，免除铁路公司的土地税，并保证东京至仙台线和仙台至青森线分别在10年内和15年内获得8%的年净回报率，才于1881年筹集到了修建第一条私营铁路的资金"（详见Smith 1955, p. 43）。
③ McPherson 1987, p. 31; Smith 1955, pp. 44 – 45.
④ Landes 1965, pp. 100 – 106.

了崭新的市场。而最为重要的一点是,创办企业的意识萌生出来,为工业的进一步发展奠定了基础。①

此外,日本政府推行了旨在促进外国先进技术和体制向本国转移的政策。例如日本聘请了大量外国技术顾问。1875 年,外国技术顾问人数达到顶峰,为 527 人,② 随后急剧下降,到 1885 年,仅为 155 人。这意味着日本迅速吸收了顾问的技术知识。1871 年,日本设立了文部科学省。到 19 世纪末 20 世纪初,日本国民的识字率达到了 100%。③

明治政府还从更发达的国家积极引进工业发展所必不可少的各种制度,并使其本土化。要准确地说出日本当时各种制度的模板具体源自哪个国家、何时引入并不容易,但有一点很清楚,日本最初的制度是一个七拼八凑的制度。④ 日本刑法主要受法国刑法的影响,而民商法基本来自德国,也有一些英国因素。日本陆军主要按照德国模式组建陆军(陆军模式也受法国陆军模式的影响),而海军模式类似于英国模式。日本效仿比利时建立中央银行,并效仿美国建立整个银行体系。日本大学是美国式的,中小学一开始也是美国式的,但是很快又改成了法国和德国模式。

当然,这些制度在日本实现本土化是需要时间的。但历史学家们认为,日本吸收这些外来制度并加以本土化的速度是惊人的。另外,战后日本在制度上的各种创新同样值得注意,比如终身雇佣制、企业分包制等。

---

① Smith 1955, p. 103.
② 其中,205 人是技术顾问,144 人是教师,69 人是经理和行政人员,36 人是技术工人(详见 Allen 1981, p. 34)。
③ McPherson 1987, p. 30.
④ 详见 Westney 1987,第一章和 McPherson 1987, p. 29。

随着1911年各项不平等条约的废止,明治维新以后的日本政府推出了旨在保护幼稚产业、降低进口原材料价格和控制奢侈品消费的关税改革。① 我们不难发现,日本采用的这些政策与明治维新前其他国家在发展阶段采用的政策有着诸多相似之处。

正如表 2-1 所示,1913 年,日本已成为实施经济保护程度最高的国家之一,尽管它对制造业的保护力度不及美国。1926 年,日本提高了毛纺织业等新兴工业的关税。尽管关税"只不过是经济政策武器库中的次要武器"②,但是它仍极大地保护了一些关键行业(比如钢铁、糖、铜、燃料、毛织等)。1911 年后的日本与 19 世纪末 20 世纪初的德国、瑞典两国有些类似。这三个国家实行的都是"有针对性"的关税保护政策,即总体上关税制度的保护力度适中,但对某些关键行业给予强有力的保护。"有针对性"的关税保护政策不同于美国、俄国和西班牙当时实行的无区别的"地毯式"保护。

20 世纪 20 年代,在德国的强大影响下,日本通过制裁卡特尔、鼓励兼并,以及鼓励在关键行业进行合理化改革,以达到遏制"浪费性竞争"、引进科学管理模式、实现标准化生产、形成规模经济的目的。③ 20 世纪 30 年代,为了应对"大萧条"之后的世界经济危机,满足发动战争的需要,日本加大了改革力度,进一步强化了对卡特尔的控制,特别是在 1931 年颁布《重要产业管制法》(*Important Industries Control Law*)。此时,日本战后工业政策体系基本成型。④ 正如许多其他当今发达国家一样,日本 20 世纪 30 年代

---

① Allen 1981, p. 133; McPherson 1987, p. 32.
② Allen 1981, pp. 133-134.
③ Johnson 1982, pp. 105-106; McPherson 1987, pp. 32-33.
④ Johnson 1982, pp. 105-115.

加强了军力,刺激了需求,创造了技术溢出效应,为重工业的发展做出了重要贡献(尽管最终导致了灾难性的政治后果)。①

虽然日本为发展做出很大努力,但在20世纪上半期从总体上来说日本还没能像第二次世界大战后那样,迅速发展为超级经济体。麦迪逊对经济合作与发展组织(OECD,简称经合组织)16个当今最大的成员国进行了一项研究。研究表明,1900~1950年,日本人均收入的年增长率仅为1%,甚至低于16个经合组织国家的年增长率的平均值1.3%。② 但是需要指出的是,该低年增长率也与日本第二次世界大战战败后产量急剧下降有关。③

但是第二次世界大战后,特别是在20世纪70年代之前,日本经济的快速发展是无可比拟的。1950~1973年,日本人均GDP每年以8%的速度增长,比经合组织16国人均GDP的平均值(3.8%)的两倍还要多(3.8%的平均值也包括日本)。16个国家里位居日本之后经济发展最快的国家是德国、奥地利和意大利,德、奥两国人均GDP的年增长率均为4.9%,而意大利为4.8%。韩国(5.2%)等创造"奇迹"的东亚国家和地区[中国台湾地区(6.2%)]按理来说更落后,本可以产生更大的"集聚效应",但实际上远远落在日本之后。④

在过去二三十年中,围绕战后日本及东亚新兴工业化国家的经

---

① McPherson 1987, pp. 35 - 36.
② Maddison 1989. 这16个经合组织成员国指澳大利亚、奥地利、比利时、加拿大、丹麦、芬兰、法国、德国、意大利、日本、荷兰、挪威、瑞典、瑞士、英国和美国。
③ 据统计,1945年日本的GDP(非平均值)是1943年巅峰值的48%。但这比德国和奥地利的情况要略好一些,1946年德国的GDP只是1944年巅峰值的40%,而1945年奥地利的GDP仅是1941年和1944年巅峰值的41%(详见Maddison 1989, pp. 120 - 121,表B - 2)。
④ 本段数据均来源于 Maddison 1989, p. 35,表 3.2。

济"奇迹"产生的原因,一直存在带有意识形态色彩的争论。尽管有些分歧至今尚未消除,但已基本达成了一项共识,即政府实行积极的产业、贸易和技术政策是这些国家和地区(中国香港除外)经济高速发展的根本原因。①

总结东亚国家战后经济发展的经验,我们会再次惊奇地发现,这些国家的产业、贸易和技术政策与之前论及的其他发达国家(18世纪的英国、19世纪的美国、19世纪末20世纪初的德国和瑞典)相比,存在颇多相似之处。然而,还必须指出,东亚国家并没有原封不动地照搬更发达国家实行过的政策。这些东亚国家和法国等其他当今发达国家在第二次世界大战后实行的产业、贸易和技术政策要比它们的历史榜样更合理、更完备。东亚国家实行了更具实质性、更合理的出口补贴政策(既有直接的补贴政策,也有间接的补贴政策)。另外,与早先的当今发达国家相比,东亚国家征收的出口税实际上要少得多。② 此外,正如笔者反复指出的那样,这些国家对出口行业的原材料和机器的进口广泛实行退税制,而以英国为代表的许多当今发达国家为鼓励出口曾实行过这种政策。③

当今发达国家先前很少实施协调互补性投资,少有的几次也毫无计划性。第二次世界大战后,东亚国家的指令性计划和政府投资规划使这一政策更系统化了。④ 东亚国家制定和贯彻有关公司成立、破产、投资和定价的法规,以"管理竞争"取代"浪费性竞争"。⑤

---

① 有关早期争论详见 Johnson 1982, id. 1984; Dore 1986; Thompson 1989; Amsden 1989; Westphal 1990; Wade 1990; Chang 1993。当前阶段的不同观点详见 World Bank 1993; Singh 1994; Lall 1994; Stiglitz 1996; Wade 1996; Chang 2001b。
② Westpha 1978; Luedde – Neurath 1986; Amsden 1989; World Bank 1993.
③ Westphal 1978; Luedde – Neurath 1986; Chang 1993.
④ Chang 1993; id. 1994.
⑤ Amsden and Singh 1994; Chang 1994.

这些法规在一定程度上反映了19世纪末20世纪初的卡特尔政策，但是相比先前的历史榜样，东亚国家更清楚地认识到了滥用垄断的危险性，并对出口市场的行为带来的影响更敏感。东亚国家还采取了补贴和限制竞争的手段，以实现技术升级并扭转部分产业衰退的颓势。①

东亚各国政府通过"人力规划"将与人力资本相关的政策和与学习相关的政策融入工业发展政策的框架之中，这三者在这些国家的融合程度要比先前的当今发达国家紧密得多。② 东亚各国还对技术许可和外国直接投资进行监管，以更加系统化的方式实现技术溢出效应的最大化。③ 东亚国家还为教育、培训和研发提供补贴，提高本国劳动者的基本技能，增强技术能力。④

随着韩国危机出现，日本又面临长期衰退局面，越来越多的人认为，积极的产业、贸易和技术政策已经行不通了。我们在这里不过多讨论这一点，但有几点或许值得一提。⑤ 第一，姑且不论我们是否相信积极的产业、贸易和技术政策是导致日韩两国出现危机的主要原因。我们都无法否认，这些政策是日韩两国出现"奇迹"的主要原因。第二，虽然中国台湾地区也实施了积极的产业、贸易和技术政策，但并没有经历任何金融危机或宏观经济危机。第三，所有熟悉日本情况的学者，不管持何种观点，都认为日本当前的衰退不能简单归因于政府的产业政策。与衰退密切相关的是结构性存款盈余、金融自由化时机不当（导致了泡沫经济）和宏观经济管理不善。第四，就韩国而言，产业政策在20世纪90年代中期基本

---

① Dore 1986；Chang 2001b。
② You and Chang 1993。
③ Chang 1998a。
④ Kim 1993；Hou and Gee 1993；Lall and Teubal 1998；Chang and Cheema 2002。
⑤ 对上述观点的批判详见 Chang 1999；id. 2000。

上已被废除，而此时债务开始膨胀，并导致了最近的这场危机。可见，积极的产业政策不是危机爆发的原因。不过，废除产业政策增加了"重复投资"的可能性，进而导致了危机，这种说法也不无道理。①

第三节　领先国家的引领战略和赶超国家的反应 ——英国及相关国家

一个国家一旦走到了其他国家的前面，就会自然而然地产生一种劲头，希望利用自身的经济和政治优势，向前走得更远。英国的政策，特别是英国在18~19世纪的政策，就是最好的例证。在当代发达国家对发展中国家采取的政策中，我们仍可以找到很多例证，这不由得让我们担心。

一　殖民地

英国制定了一系列严厉政策来阻止各个殖民地发展制造业，特别是美国。李斯特指出，1770年，老威廉·皮特（当时的查塔姆伯爵）"被新英格兰人最初发展制造业的企图搞得惶惶不安，于是宣布禁止殖民地从事一切制造业，哪怕是制造一颗马掌钉也不行"②。布里斯科在对英国罗伯特·沃波尔执政时期的殖民地政策的概括中道出了这一战略的要旨：

通过商业和工业法规，试图把殖民地限制在为英国工业发

---

① Chang 1998b；Chang et al. 1998.
② List 1885, p. 95.

展提供原材料上,阻止殖民地发展制造业同宗主国竞争,并限定它们的市场只向英国的贸易商和制造商开放。①

英国实行的殖民地政策主要包括:第一,制定并实行鼓励殖民地生产初级产品的政策。例如18世纪20年代,沃波尔对美国殖民地生产的原材料(如大麻、木材、原木)提供出口补贴(赏金),并取消了英国对这些产品的进口关税。实行这项政策是因为他相信鼓励原材料的生产会"把殖民地的注意力从影响英国本土利益的制造业上转移走"。② 请注意,这同科布登解释废除《谷物法》的理由时用的逻辑完全一致。科布登认为,《谷物法》使欧洲大陆国家和美国农产品的出口变得更困难,这无意间反而促进了这些国家的工业化(见本章第二节)。

第二,取缔了一些制造活动。例如取缔了美国新轧钢厂的建设,使美国人不得不专门生产低附加值的生铁和条铁,却无法生产高附加值的钢产品。③ 一些历史学家认为,这种政策实际上并没有给当时的美国经济带来很大破坏,因为美国在制造业上并没有比较优势。④ 不过也有人认为,如果美国在早期发展阶段(主要在农业和商业方面)之后,仍是英国殖民地,这项政策即便没有成为美国工业发展不可逾越的障碍,也会成为一个重大障碍。这种说法似乎有一定道理。⑤

第三,禁止殖民地出口对英国本土产品造成竞争的产品。前文已

---

① Brisco 1907, p. 165.
② Brisco 1907, p. 157.
③ Garraty and Carnes 2000, pp. 77–78.
④ Lipsey 2000, p. 723.
⑤ 即使在美国独立以后,英国仍想让美国为它长期供应原材料(特别是棉花),这是英国在美国内战中支持南方的一个重要原因。

经提到，18世纪，即使印度棉布优于英国，英国仍禁止从印度进口棉织品（印花棉布），这一政策给印度棉纺织业带来了沉重的打击。[1] 再举一例，1699年，英国颁布《毛纺织法案》（*The Wollen Act*）禁止殖民地向其他国家出口毛纺布料，这一举措实质上摧毁了当时的爱尔兰毛纺织业，也压制了美国殖民地毛纺织工业的兴起。[2] 还有一个例子。1732年，针对美国业已壮大的海狸皮帽工业，英国出台了一项法律。该法律禁止殖民地向外国或其他殖民地出口帽子。[3]

第四，禁止殖民地当局征收关税，在为增加财政收入有必要征收关税时，也会附带若干抵销关税影响的措施。1859年，当印度殖民政府出于财政原因，对纺织品征收了小额进口税（3%~10%）时，英国又对当地纺织品商征收了同样额度的税，以创造"公平的竞争环境"。[4] 尽管有这种"补偿"，英国棉纺织品制造商还是不断向英国政府施压，要求废除关税，并最终在1882年如愿以偿。[5] 19世纪90年代，印度殖民政府试图再次对棉纺织品征收关税——这次是为了保护印度棉纺织业，而不是为了增加财政收入——但这一企图最终被棉纺织业的施压集团粉碎了。1917年以前，印度对棉纺织品一直没有进口关税。[6]

二 半独立国家

19世纪，英国（和其他当今发达国家）主要通过一系列不平

---

[1] 1813年，东印度公司丧失了垄断地位，优质的英国产品涌入印度市场，最终于19世纪前半期彻底摧毁了印度棉纺织业（详见 Hobsbawm 1999, p. 27）。
[2] 关于爱尔兰毛纺织业的情况，详见 Ramsay 1982, p. 66; Reinert 1995, p. 32。关于美国毛纺织业的情况，详见 Garraty and Carnes 2000, pp. 77-78。
[3] Brisco 1907, p. 60.
[4] Bairoch 1993, p. 89.
[5] Harnetty 1972, chapter 2。
[6] Hobsbawm 1999, p. 129.

等条约在完全殖民地以外的其他不发达国家推行自由贸易,阻碍其制造业的发展。这些不平等条约一般包括强制设定关税上限(一般为5%的统一关税)、剥夺关税自主权等。①

令人不安的是,当前自由贸易国家向发展中国家推荐的正是这种关税体制,即把关税税率统一在一个很低的水平(尽管不一定都在5%以下)。利特尔等(Little et al.)的经典研究指出,对最穷的国家来说,适当的关税税率最高不能超过20%,而对一些更发达的发展中国家来说应该基本为零。世界银行指出,"有证据表明,尽快取消高关税限制,将关税合理地降至低且统一的水平,比如15%~25%,是有好处的"。②

拉美国家获得政治独立后,英国首先与它们签订了不平等条约。1810年,巴西成为第一个与英国签订不平等条约的国家。在鸦片战争(1839~1842年)之后,英国于1842年同中国清政府签订了《南京条约》。随后的几十年里,中国被迫签订了一系列不平等条约。这些不平等条约使中国完全丧失了关税自主权。1863~1908年,中国海关由英国人掌管长达55年之久。自1824年起,暹罗(今泰国)与英国签订了多个不平等条约,其中以1855年《英暹通商条约》最为彻底。波斯先后在1836年和1857年与英国签订了不平等条约,奥斯曼帝国则在1838年和1861年与英国缔结了不平等条约。③

就连日本在1854年国门被美国打开之后,随着一系列不平等条约的签订,也逐渐丧失了关税自主权(见本章第二节)。直到

---

① Bairoch 1993, pp. 41–42.
② Little et al. 1970, pp. 163–164; World Bank 1991, p. 102.
③ Bairoch 1993, pp. 41–42; Gallagher and Robinson 1953, p. 11. 1838年,英国与奥斯曼帝国签订《巴尔塔·利曼公约》(Convention of Balta Liman)将土耳其的进口关税限定为3%(详见 Fielden 1969, p. 91)。

1911年，这些不平等条约才最终得以废除。① 值得注意的是，在这种情况下，日本竟然完全效仿西方国家，于1876年用武力打开朝鲜的大门，迫使朝鲜签订不平等条约，剥夺朝鲜的关税自主权，但此时日本本国还没有关税自主权。

自19世纪80年代起，拉美的一些大国恢复了关税自主权，这比日本还早。另有许多国家直到第一次世界大战以后才恢复关税自主权，而土耳其（早在1838年就签订了不平等条约）一直等到1923年才恢复关税自主权，中国则一直等到1929年才恢复。② 阿姆斯登指出，只有这些国家恢复关税（及其他政策）的自主权以后，它们的工业化才得以真正开始。③

三 竞争对手

面对来自欧洲其他发达国家（包括后来的美国）的竞争，英国不能公然推行上文提到的那些措施来使自己脱身，而主要集中力量防止本国先进的技术外流，但是这些措施没能一直起作用。④

直到19世纪中叶，机器才成为关键技术的化身，而在此之前，大多数技术知识是由技术工人掌握，因此技术转移最重要的手段则是技术工人的流动。于是，发达程度稍低的国家努力从更发达的国家（特别是英国）招聘技术工人，同时鼓励受聘于更发达国家的本国技术工人回国。这些举措通常是在本国政府的安排和许可下开展的，而更发达国家的政府则尽最大努力防止技术工人外流。

---

① Johnson 1982, p. 25.
② Bairoch 1993, p. 42. 有史料显示，土耳其1923年获得关税自主权。但关税自主权直到1929年才生效。
③ Amsden 2001.
④ Kindleberger 1990b, p. 260.

如前文所述（见本章第二节），法国等欧洲国家大规模招募技术工人的企图促使英国在1719年制定法律禁止技术工人外流，特别禁止"收买"或者招募技术工人去国外工作。该法律规定：对收买行为可以判处罚金或监禁；在国外工作的技术工人，接到英国有关官员（多为驻外外交官）警告后6个月内不归国者，将丧失其对国内土地和财产的所有权，还会被剥夺英国国籍。这部法律具体提到的行业只包括毛纺织、钢、铁、黄铜和其他金属行业，还包括钟表制造业，实际上却覆盖了所有行业。① 直到1825年，技术工人外流和收买招工才被解禁。②

后来，随着越来越多的技术体现在机器当中，政府开始控制机器出口。1750年，英国制定了一项新法案，禁止出口毛纺织业和丝织业的"工具和用具"，并进一步加强了对收买熟练工人行为的惩罚力度。随后英国制定的一系列法案又拓宽了1750年法案的覆盖范围，并使其得到了进一步强化。1774年，英国又通过了一项控制棉纺织业和麻纺织业机器出口的法案。1781年，英国修订了1774年的法案，将"工具和用具"改为"任何机器、发动机、工具、印刷机、纸张、用具等"，这也反映了当时各行业的机械化水平在不断提高。1785年，英国通过了《工具法案》（*The Tools Act*），禁止出口多种机器，同时禁止以收买手段招募技术工人。在贸易委员会主席威廉·赫斯基森（William Huskisson）的推动下，1828年这一法案有所松动。到1842年，该法案最终废止。③

---

① 详见 Jeremy 1977；Harris 1998，第十八章。
② Landes 1969，p. 148.
③ 关于《工具法案》和收买禁令详见 Harris 1998, pp. 457-462；Jeremy 1977。关于禁令的放宽与解除详见 Kindleberger 1990a, p. 132；Landes 1969, p. 148. 伯格著作的第九章详细介绍了围绕解除机器出口禁令展开的政治和学术辩论的情况（Berg 1980）。

17世纪之前，荷兰是世界上技术最先进的国家之一，对外国人获取其技术一直抱着十分开放的态度。然而，随着技术优势不断丧失，荷兰的态度从公司层面到政府层面都发生了改变。1751年，荷兰政府终于颁布法案，禁止机器出口和技术工人外流，但是这一法案远远不如英国出台的法案那么成功，技术工人和机器仍在持续外流。①

面对发达国家采取的防止技术外流的措施，发展程度稍低的国家动用了各种"非法"手段以获取先进技术。这些国家的企业家及技术人员常常在政府的明确许可和积极鼓励（包括为获得某些特定技术提供赏金）下，从事经常性的工业谍报活动。② 兰德斯（Landes）、哈里斯（Harris）和布兰德（Bruland）等人记录了法国、俄国、瑞典、挪威、丹麦、荷兰和比利时等国针对英国进行的大规模工业谍报活动。③ 许多国家还组织和（或）支持从英国及其他更发达的国家招募工人的活动。约翰·罗（John Law）影响下的法国、腓特烈大帝统治下的普鲁士实行的措施是人们比较熟悉的例子。

虽然做出了这些合法的和非法的努力，但技术上赶超发达国家并非易事。关于技术转移的最新研究显示，技术中包含许多不易转移的隐性知识。虽然当时的技术工人的确掌握了关键技术，但单靠引进技术工人也无法解决这个问题。这些技术工人面临语言和文化的障碍，更重要的一点是，他们使用的并不是本国的技术基础设施。兰德斯在他的著作中记载，虽然欧洲大陆国家引进了一些熟练的技术工人，甚至还引进了一台关键机器，但仍耗费了几十年来吸

---

① Davids 1995；De Vries and Van der Woude 1997，pp. 348 – 349.
② 比如，约翰·霍克（John Holker）曾做过纺织精整工，也曾在詹姆士二世政府中任职。18世纪50年代，他被法国政府任命为外国制造督察。除了给法国厂家提供技术指导以外，他的主要任务是从事工业谍报活动和收买英国技术工人（Harris 1998，p. 21）。
③ 详见 Landes 1969；Harris 1998；Bruland 1991。

收英国的先进技术。①

因此,对当前的发展中国家来说,只有有了旨在增强"技术能力"(这是现代技术经济学的观点)的政策支持,技术转移才最有效。② 前文多次提到,许多国家由政府建立教育机构(例如,技术学校)和研究机构(例如,不进行教学的科学院)。笔者还指出,这些机构通过建立博物馆、组织国际展览会、为私营企业提供新机器、建立采用先进技术的"样板工厂"等措施,加深对先进技术的认知。政府还通过对进口工业设备实行进口退税和免税等财政激励手段,鼓励公司采用更先进的技术。③ 值得一提的是,对某些资本货物实行进口退税或免税(有趣的是,与对某些其他资本货物实行进口限制同时并存)至今仍是东亚国家工业政策中的关键手段之一。

到19世纪中叶,关键技术变得错综复杂,单纯依靠引进技术工人和机器已经不足以让人们掌握一项技术了。于是,英国废除了对技术工人外流和机器出口的禁令。从那时起,技术知识的所有者通过专利特许的方式积极促成技术转让成为不少行业技术转移的主要渠道。这使与知识产权保护(Intellectual Property Rights,IPR)相关的政策和制度前所未有地突显出来,迫于技术更发达国家的压力,特别是美国和法国的压力,一些国家于1883年,签订了有关专利权的《保护工业产权巴黎公约》,1886年签订了有关版权的《保护文学和艺术作品伯尔尼公约》(简称《伯尔尼公约》),最终出现了国际知识产权体制。

---

① Landes 1969.
② 关于发展中国家的技术能力问题,详见 Fransman and King 1984;Lall 1992;Lall and Teubal 1998。
③ 详见 Landes 1969, pp. 150 – 151。

1790～1850年，大多数当今发达国家颁布了专利法（见第三章第二节）。不过，以现代标准衡量，即便只用现在世贸组织的《与贸易相关的知识产权协议》（TRIPS）要求发展中国家用已有的标准来衡量，这些早期的专利法也是极不完善的。①

因为与本章讨论的内容尤其相关，所以必须指出的是，这些专利法对外国人的知识产权的保护非常不利。② 大多数国家，包括英国（1852年改革之前）、荷兰、奥地利和法国，公然允许本国人为从国外引进的技术申请专利。1836年专利法修订之前，美国无须提供任何原创性证明即可授予专利，这使得为进口技术申请专利成为可能。前文也已经提到，瑞士直到1907年才建立专利体系；荷兰虽然在1817年已经制定了专利法，但1869年废止了这部法案，直到1912年才重新颁布专利法。

值得注意的是，虽然19世纪末国际知识产权体制已经出现，但即便当时最发达的国家也经常性地侵犯他国公民的知识产权，这种现象一直延续到20世纪以后。如上所述，瑞典和荷兰直到1907年和1912年才分别制定专利法。美国虽然大力倡导保护专利所有者的权利，但直到1891年才承认外国人的版权。③ 19世纪的最后几十年，德国即将在技术上超过英国，德国国内仍存在大量侵犯英国商标权的行

---

① 这一标准是《与贸易相关的知识产权协议》要求的。关于围绕TRIPS协议的争议，详见Chang 2001a。显然，这些专利法具体哪些方面"不完善"取决于个人看法，比如关于化工和制药的产品是否应该授予专利，无论是支持者还是反对者，都有令人信服的论点。

② 详见Williams 1896；Penrose 1951；Schiff 1971；McLeod 1988；Crafts 2000；Sokoloff and Kahn 2000。

③ 直到1988年，美国才开始遵守《伯尔尼公约》（1886年）。当时美国最终取消了只有在美国印刷或用美国印刷和排版的书才受版权保护这一规定（详见Sokoloff and Kahn 2000, p. 9）。

为，英国对此耿耿于怀。① 与此同时，德国则抱怨瑞士没有专利法，这极大地纵容了瑞士公司窃取德国知识产权，在化工领域尤为明显。

虽然英国在 1862 年才制定了《商标法案》（*The Merchandise Mark ACT*），但金德尔伯格指出，"早在 19 世纪 30 年代，一些英国制造商就不断通过诉讼手段保护商标"②。1862 年英国《商标法案》严禁假冒商标、虚标数量等"商业窃取"行为。1887 年英国议会修订《商标法案》时，充分考虑到外国，特别是德国违反英国《商标法案》的情况，英国要求产品描述中必须增加生产地或生产国。修订的《商标法案》不仅严禁侵犯专利权的产品描述，还严禁误导性描述，比如严禁销售标有仿冒谢菲尔德商标的餐具（这是当时德国惯用的伎俩）。该法规定，"如果一件产自国外的商品，却标有可以使购买者误以为该商品产自英国的语句或标志，除此之外，无任何其他语句能表明该产品的真实产地，那么销售这种产品的行为是犯罪行为。"③ 金德尔伯格指出，这一法律还有具体条款，要求"标有英国代理商名称的外国产品也必须注明其产自国外或注明原产地地名"④。

不过，德国公司采取了一系列措施，来钻英国《商标法案》的空子。例如他们把原产地标志印在产品外包装上，而不印在每一件产品上。这样，一旦撕掉了外包装，消费者就无从知晓该产品的原产地了（据悉，这种手段普遍用在进口手表和文件夹等产品中）。另外，德国公司常常把一些产品的零部件运到英国，在当地

---

① 详见 Landes 1969，p. 328。这一时期，英国谴责德国，不仅是因为德国进行工业谍报活动、违反《商标法案》，还因为德国出口因犯生产的产品（请回忆一下，美国和中国最近在这一点上也有争端）。
② Kindleberger 1978，p. 216.
③ Williams 1896，p. 137.
④ Kindleberger 1978，p. 216.

组装（这种手段则普遍用在钢琴和自行车等商品上），又或者将原产地标志印在根本看不到的地方。威廉姆斯（Williams）在其著作中写道："一家向英国大量出口缝纫机的德国公司将'辛格'（Singers）商标和'北不列颠缝纫机公司'（North-British Sewing Machines）商标标在显眼位置，却将'德国制造'几个小字标在缝纫机踏板下面。需要6个纺织女工合力将缝纫机放倒，才能看到刻在机器上的这几个小字，否则这几个字永远不会被发现。"①

第四节 产业发展政策：历史谣传与历史教训

在本章中，笔者主要研究了若干当今发达国家和地区在发展阶段所采用的产业、贸易和技术政策的历史。这些国家和地区主要包括英国、美国、德国、法国、瑞典、比利时、荷兰、瑞士、日本、韩国和中国台湾地区等。本章通过对历史的回顾所得出的结果，无论是与新自由主义评论家的观点，还是与许多对他们持批评态度的其他观点，均有本质上的差别。

在本章的最后一节笔者首先回顾并总结了产业、贸易和技术政策在若干当今发达国家发展中所发挥的作用。接着，笔者从这些国家的发展情况中得出一个结论：虽然所有国家都采用了幼稚产业保护政策，但各国采用的具体政策模式之间存在很大差异。然后，笔者将当今发达国家早期的产业、贸易和技术政策与当前发展中国家目前采取的政策进行了比较，并提出了一个观点：考虑到当今发展中国家需要跨越的生产力鸿沟，它们对幼稚产业的保护程度实际上要比当今发达国家过去的保护程度低得多。

---

① Williams 1896, p. 138.

一 一些有关早期政策的历史谣传和实情

1. 几乎每个成功的国家在"赶超"其他国家时都采用过幼稚产业保护政策和其他积极的产业、贸易和技术政策

笔者在本章的论述表明，几乎所有当今发达国家在赶超阶段都采用过某种形式的幼稚产业促进战略。在许多国家，关税保护政策是该战略的核心内容。不过，关税保护并不是该战略的唯一内容，也不一定是该战略最重要的部分。有趣的是，英国和美国通常被视为自由贸易政策的发源地，但实际上两国的关税保护力度其实是最大的。

笔者所考察的这些国家中，明显不符合这一历史模式的国家是瑞士和荷兰，比利时在较小的程度上也可以算在其中。不过，对这几个国家，需要做一些特别说明。瑞士在工业发展的紧要关头得益于拿破仑战争带来的"天然"保护。一方面，荷兰政府于 16～17 世纪推行扩张性政策，建立起海上霸权和商业霸权；另一方面，荷兰政府在 19 世纪 30 年代设立工业金融机构，促进了棉纺织业的发展。19 世纪比利时关税的平均税率虽低，但在 18 世纪的大部分时间里统治比利时的奥地利政府更倾向于保护主义，对某些部门的大力保护一直持续到了 19 世纪中叶。虽然有上面所述的这些情况，但仍可以合理地把这三个国家，或者至少是瑞士和荷兰，说成是在比较自由的产业、贸易和技术政策下发展起来的。

或许可以说，这两个国家没有采取保护主义的贸易政策的原因是两国国土面积小，因而保护的成本相对较高。不过，这并不是一个有说服力的理由。因为同样是国土面积小的国家，瑞典就是一个反例。19 世纪末 20 世纪初，为了在若干重工业领域赶超当时更发达的国家，瑞典成功地实行了幼稚产业保护政策。一个更合理的解释是，与瑞典不同，瑞士、荷兰和比利时在19世纪早期技术上就已经高度发达了。在整个欧洲工业革命时期，它们一直处在或非常接近于世界先进技术的前沿，这就意味着它们根本不需要太多的幼稚产业保护政策（见本章第二节）。

当然，抛开所有这些议论，或许可以这样说，无论有没有积极的产业、贸易和技术政策，当今发达国家都有可能独立地实现工业化。许多历史事件实际上是"由多种因素决定的"，也就是说，这些事件背后的合理解释不止一个。因此，我们很难证明积极的产业、贸易和技术政策或者其他的具体政策，就是当今发达国家成功的关键因素。[1] 但是，许多当今正统的观点认为实行了积极的产业、贸易和技术政策的国家，从18世纪的英国到20世纪的韩国，都成功地实现了工业化，这不得不说是一个令人惊讶的巧合。特别是在当今的主流理论认为这种政策十分有害的情况下。

2. 谣传：英国是实行自由放任政策的自由贸易国

与广为流传的谎言大相径庭，英国在19世纪中叶确立工业霸主地位、实施自由贸易之前，曾大力推行旨在促进幼稚产业发展的积极的产业、贸易和技术政策，甚至在某些领域还是这种政策的先行者。

这种使用范围受限的政策可以一直追溯到14世纪（爱德华三世统治时期）和15世纪（亨利七世统治时期），针对的是当时的主要工业——毛纺织业。从1721年沃波尔推行贸易政策改革到1846年英国废止《谷物法》，英国在这一时期实行了积极的产业、贸易和技术政策，而这种政策在第二次世界大战后才在日本、韩国等东亚国家和地区（如中国台湾地区）广泛推行并因此名声大噪。我们本以为由东亚国家提出的许多政策，比如出口补贴、对

---

[1] 金德尔伯格在1964年出版的著作的第十五章对这一问题进行了经典论述。其实，任何理由都已被用来解释工业成功，从西欧的煤矿矿床分布（详见 Pomeranz 2000）到日本的儒家文化模式（详见 Morishima 1982）。

出口产品原料的进口退税等,都已经在英国广泛实施过了。此外,应该指出的是,英国实行自由放任政策一定程度上也是为了促进其工业的发展。以理查德·科布登为代表的自由贸易倡导者认为,英国自由进口农产品可以抑制竞争对手国家制造业的发展。如果英国后来没有颁布《谷物法》,这些国家的制造业根本就不会发展起来。

3. 美国是"现代保护主义政策的发源地和堡垒"

英国有效地利用幼稚产业保护政策实现了工业腾飞。而第一个把幼稚产业保护论进一步系统化的是美国,而不是人们通常所认为的德国。系统的幼稚产业保护论是由亚历山大·汉密尔顿、丹尼尔·雷蒙德等美国思想家提出来的。德国经济学家弗里德里希·李斯特被公认为幼稚产业保护论之父,他是在流亡美国期间第一次接触这一理论的。

在1816~1945年这100多年里,美国在这一理论上付诸的实践要多于任何其他国家。在此期间,美国曾是世界上制造业产品进口平均关税税率最高的国家之一。美国独特的地理位置,加上高昂的运输费用,使美国至少在19世纪70年代以前一直都享有无与伦比的"天然"保护。有鉴于此,我们有理由认为,在工业赶超阶段,美国各行业的被保护程度均居于世界之首。特立独行的美国右翼民粹主义政治家帕特·布坎南(Pat Buchanan)指出,自由贸易是一个"非美国"的事物,这句话在某种程度上可谓一语中的。

诚然,美国某些行业不一定需要政府为其制定关税保护措施。实际上许多关税最终并无用处。但是,如果没有强有力的关税保护,至少是对一些关键行业的保护,美国经济显然不能达到今天的水平。另外,美国政府在基础设施建设和支持研发上的作用同样值得注意,而且这种作用一直延续到今天。

4. 谣传：法国的指令性经济同英国的自由放任经济形成鲜明对比

大革命之前，法国政府积极干预工业生产，以促进工业发展。不过，法国大革命的自由理念以及随后长达一个半世纪的政治僵局在很大程度上压制了法国的"科尔贝尔主义"传统，导致产生了一系列软弱无能、毫无远见（甚至可以说有明显落后倾向）的政府。

因此，公众眼中的法国是一个天生的指令性经济国家。但在19世纪的大部分时间和20世纪上半期，法国的政策体制其实在很多方面比英国和美国，特别是美国，还要自由。比如从19世纪20年代至60年代，法国实施保护主义的程度实际上低于英国。

法国历史上的自由放任时期大多与国家工业技术相对停滞联系在一起，这一史实间接地证明了幼稚产业保护论的合理性。第二次世界大战以后，法国通过坚定的干预战略实现了工业腾飞。正是基于这一点，法国才树立了天生的干预主义者的形象。

5. 德国贸易保护的范围有限

虽然德国常常被视为幼稚产业保护论的发源地，但它从未广泛推行过关税保护。直到19世纪末，虽然一些关键的重工业部门的确得到了强有力的关税保护，但是德国的贸易制度仍是世界上最自由的贸易制度之一。

不过，这并不意味着德国像其竞争对手法国那样在19世纪的大部分时间和20世纪上半期那样自由放任。普鲁士自18世纪起的早期经验足以说明，幼稚产业可以通过关税之外的其他手段发展起来，比如，政府投资、公司合作、提供补贴等。

这些手段取得了成功，促进了私营经济的发展，使直接的政府干预变得没有必要，也不受欢迎，但德国政府依然发挥着重要的"指导"作用。19世纪末20世纪初，政府对一些重工业部门的指导尤为明显（在此期间，这些重工业部门在当时仍受到政府强有力的关税保护）。同样在这一时期，德国政府率先建立了社会福利制度，试图化解革命情绪，实现社会稳定（见第三章第二节）。

因此，整个19世纪和20世纪早期虽然德国不像法国那样自由放任，但是在赶超阶段德国实行的政府干预也不像有些人想象的那么广泛，特别是在关税保护方面。

6. 瑞典后来成为"经济开放型小国"，但并不是一直如此

虽然不必像前面几国那样做根本性修正，但关于瑞典经济发展历程的一些谣传也有待破除。

总体来说，赶超阶段的瑞典虽然经济落后，但没有广泛推行关税保护。然而，瑞典政府对关税保护的应用看上去颇具战略性：19世纪早期瑞典实行该政策是为了促进纺织业发展，到19世纪晚期则是为了振兴机器和电力工业。有意思的是，瑞典在19世纪早期对纺织业实施的关税保护制度正是20世纪后期东亚国家（以及18世纪英国）所实行的工业促进制度。这项制度最终使制成品的进口关税增高，而原材料进口关税降低。

另一点值得注意的是，瑞典很早就在基础设施建设和一些关键领域进行了公私合作，特别是在冶铁业。这种合作模式与战后东亚国家建立的合作模式非常相似。瑞典政府早期对教育、技能形成与研究的重视也值得注意。

7. 现代早期，日本的国家能动作用受到外界限制而不能充分发挥

因为日本国门被打开之后，被迫签订了一系列不平等条约，将其关税限定在5%以下。所以，日本刚刚对外开放，走上现代工业发展之路时，却无法使用关税保护促进新兴工业发展。于是，日本不得不寻找其他促进工业发展的手段。日本政府在重点领域建立样板工厂（出于增加收入和提高效率的目的，这些工厂很快就被私有化了),为重点行业提供补贴,并且投资基础设施建设和教育等。在当时,关税是促进工业发展的一个重要手段(其他政策性工具尚未出现,或被视为"过于激进"),因此没有关税自主权对日本来说是一个巨大的障碍。

随着各项不平等条约在1911年被废除,日本在20世纪早期最终得以建立一支以关税保护为主要内容的更为全面的工业发展战略。日本第二次世界大战后在产业、贸易和技术政策工具领域做出了一些令人瞩目的"创新",实现了经济的高速发展。这也说明,只有具备能力使用更丰富的政策工具,国家干预才会变得更有效。

8. "偷猎者成了猎场看守者":政策随着发展而改变

笔者在本章的讨论中发现,当今发达国家会根据自己在国际竞争中相对位置的变化相应地调整其政策立场。这些调整一部分属于故意"踢开梯子",但也有可能是因为人习惯用现在的眼光去审视过去。

当今发达国家在赶超阶段都曾保护幼稚产业、猎取技术工人、从更发达的国家走私机器、从事工业谍报活动、侵犯专利和商标法。一旦它们跻身最发达国家的行列,便开始倡导自由贸易、阻止技术工人和技术外流、大力保护专利和商标。这样一来,原本的"偷猎者"纷纷成了现在的"猎场看守者",这种状况着实令人担忧。

英国在19世纪就曾得罪了不少国家,特别是德国和美国。它们认为英国鼓吹自由贸易不过是虚情假意,因为英国在18世纪实行的幼稚产业保护措施比其他任何国家都要严格。今天,当美国的贸易谈判代表向发展中国家鼓吹自由贸易的诸多裨益时,或者当瑞士医药公司要求大力保护知识产权时,发展中国家可能会表露出同样的情绪。

二 "不只依赖关税"：促进幼稚产业发展的多种模式

如前文所述，几乎所有成功的当今发达国家在赶超阶段都实行过幼稚产业保护政策。当然，我们无法就此断定这种政策可以确保经济腾飞。我们知道，无论是历史上还是现实中，有太多的事例可以反驳这一幼稚的论断。不过，从18世纪的英国到20世纪后期的韩国的确有这么一个延续长久的历史模式。在这一模式下，许多国家通过幼稚产业保护政策实现了经济的发展。这一模式十分强大，绝不能将其视为侥幸成功。因此，那些认定自由贸易和放任自由的产业、贸易和技术政策对当今发展中国家大有裨益的人应该解释一下，它们为什么会认为这一历史模式在当下已经失去意义了（详见第四章）。

笔者再次强调，关税保护虽然在大多数当今发达国家的发展过程中发挥过重要作用，但绝不是这些国家促进幼稚产业发展的唯一手段，甚至不一定是最重要的政策工具。这些国家还采取了许多其他的措施，如出口补贴、对为了出口而进口的产品实行退税、授予垄断权、卡特尔安排、导向性贷款、投资规划、人力规划、研发支持、建立促进公私合作的机构等。关税过去不是，现在也不是国家为了发展新产业或升级旧产业的唯一政策工具。在某些国家，比如19世纪后期以前的德国和1911年恢复关税自主权之前的日本，关税保护甚至并不是促进幼稚产业发展的最重要的工具。

实际上，当今发达国家在政策构成上存在相当程度的多样性，这取决于它们各自的目标和条件。比如，美国的关税保护政策比德国积极，但在促进幼稚产业上，德国政府的作用比美国更广泛、更直接。再举一例，瑞典对公私合作的依赖程度要比英国等国强得多。

因此,虽然存在某些十分强大的历史模式,但各个国家为促进产业发展所采用的政策工具在结构上有很大差别。这就意味着,并没有一个"放之四海皆准"的产业发展模式,有的只是一些宽泛的指导原则和各种可供借鉴的范例。

三 与当今发展中国家之比较

对积极的产业、贸易和技术政策持怀疑态度的人在讨论贸易政策时,很少承认关税保护在当今发达国家经济发展过程中的重要性。[1] 即使是少数承认这一点的人,也会以当今发达国家早期的关税保护水平要远远低于当今发展中国家为由,否认这段历史经验的现实意义。

利特尔等认为,"除俄国、美国、西班牙和葡萄牙以外,大多数国家20世纪前25年的关税水平是高于19世纪的,但这样的关税水平给这些国家提供的保护程度仍高于我们在前文中所提到的对当今发展中国家来说合理的促进工业发展的程度(利特尔等认为最穷的国家的关税税率不能超过20%,比较发达的发展中国家的关税税率应该几乎为零)"[2]。世界银行业指出,"在运输费用降下来之前,工业国家确实曾经受益于天然的保护。但是1820~1980年,12个工业化国家的平均关税税率在11%~32%……然而,发展中国家对制成品的平均关税目前为34%"[3]。

---

[1] 有两个值得注意的例外,详见 Little et al. 1970, pp. 162-169 和 World Bank 1991, pp. 97-98。

[2] Little et al. 1970, pp. 163-164。

[3] World Bank 1991, p. 97, box 5.2. 这12个国家是奥地利、比利时、丹麦、法国、德国、意大利、荷兰、西班牙、瑞典、瑞士、英国和美国。

这种论点似乎不无道理，特别是当我们考虑到，同早期的当今发达国家相比，当今发展中国家的关税税率可能并不足以反映其幼稚产业保护程度。笔者在前文（本章第一节）已经指出，由于财政能力和政府监管能力有限，当今发达国家早期除关税以外的其他政策很难顺利推行。而当今发展中国家则可以采用更广泛的政策工具来保护国内的幼稚产业，不过有些工具（如出口补贴，最穷的国家除外）已经被世贸组织"取缔"了。①

不过，这种论调极具误导性。由于当今发达国家与发展中国家之间的生产力差距远远大于先前更发达的当今发达国家和发展水平稍低的当今发达国家之间的生产力差距。这就意味着，当今发展中国家的关税税率只有高于当今发达国家在过去的关税税率，才能为本国的产业提供与当今发达国家过去对产业的保护程度相当的实际保护。② 换句话说，考虑到发展中国家面临与发达国家更大的生产力差距，当今的发展中国家需要征收比早期的当今发达国家更高的关税，才能获得同等的保护程度。

在讨论上述观点之前，我们需要认识到，衡量国际生产力差距并非易事。人均收入值显然可以作为粗略的衡量标准，但究竟应该以当前美元来衡量收入，还是应该以购买力平价来衡量收入，这一点仍有待商榷。以当前美元来衡量的收入值更能反映进出口行业存在的生产力差距，对确定关税水平更具有现实意义。但这个收入值会受汇率浮动影响，而汇率浮动同生产力差距没有关系。而以购买

---

① 关于世贸组织协议对发展中国家政府的政策选择所强加的额外限制的评估，详见 Akyuz et al. 1998；Amsden 2000；Chang and Cheema 2002。
② 请注意，受限于殖民地的地位和不平等条约，当今发展中国家在第二次世界大战之前，几乎没有一个国家拥有贸易政策自主权。所以，在此把这些国家和当今发展中国家放在同一水平进行讨论是没有意义的。

力平价收入值更能反映国家整体上的生产力水平,但是往往低估了可交易部门的生产力差距。在下文,笔者用的是购买力平价收入值,一方面是因为这个数值可以更好地衡量一个国家整体的生产力水平;另一方面是因为麦迪逊对当今发达国家收入情况的历史估算用的就是这个标准,而这是现有的最好的估算标准。①

根据麦迪逊的估算,在整个19世纪,按购买力平价计算,当时最贫穷的当今发达国家(比如日本和芬兰)的人均收入与当时最富有的当今发达国家(比如荷兰和英国)的人均收入的比约为1∶2或者1∶4。② 当今发达国家和发展中国家之间的人均收入差距非常大。据世界银行网站公布的数据显示,按购买力平价计算,1999年最发达的国家(如日本、瑞士、美国)与最不发达的国家(如埃塞尔比亚、坦桑尼亚、马拉维)之间的人均收入比在50∶1~60∶1,③ 与尼加拉瓜(2060美元)、印度(2230美元)、津巴布韦(2690美元)等中等水平的发展中国家之间的人均收入比在10∶1~15∶1。即使相当发达的发展中国家[如巴西(6840美元)、哥伦比亚(5580美元)]与顶级工业化国家之间的人均收入比也在5∶1左右。

---

① Maddison 1995.
② 例如,以1990年美元计,日本和芬兰在1820年的人均收入分别为704美元和759美元,而英国和荷兰的人均收入分别为1756美元和1561美元,后者与前者之比不到2.5∶1。到1913年,英国(5032美元)或美国(5505美元)同日本(1334美元)或葡萄牙(1354美元)的人均收入比增加到了4∶1左右。麦迪逊估算的各国历史上的人均收入值详见本书第三章表3-7。
③ 按购买力平价计(以1999年美元计),美国、瑞士和日本的人均收入分别为31910美元、28760美元、25170美元,而坦桑尼亚和马拉维分别是500美元和570美元。以当前美元计,两者之比为100∶1到400∶1。按当前美元计,1999年瑞士人均收入是38380美元、日本是32030美元,美国是31910美元,而埃塞尔比亚是100美元、马拉维是180美元,坦桑尼亚是260美元。

19世纪后期,美国给予各行业的关税保护平均水平在40%以上,而此时美国的人均收入(以购买力平价计算)约为英国的3/4(1875年,英国的人均收入是3511美元,美国的人均收入为2599美元)。① 而且在这一时期,独特的地理位置和距离给美国提供的"天然保护"(这种"天然保护"对美国来说尤为重要)程度要比现在高得多,世界银行也承认这一点。② 与此相比,尽管印度的人均收入以购买力平价计算大约仅是美国的1/50,但是加入世贸组织之前,印度的贸易加权平均关税税率为71%,这让印度看起来像是一个真正的自由贸易的拥护者。世贸组织协议生效后,印度把贸易加权平均关税税率降至32%,而美国从内战结束到第二次世界大战之间这么长的时间里,从来没有将平均关税税率降到这么低。

举一个不太极端的例子。1875年,丹麦的贸易加权平均关税税率为15%~20%,而丹麦的人均收入约为英国的60%(丹麦的人均收入2031美元比英国的人均收入3511美元)。根据世贸组织的协议,巴西把贸易加权平均关税税率从41%降到27%,这跟1875年丹麦的关税水平几乎一样。但以购买力平价计算,此时巴西的人均收入约为美国的20%(巴西的人均收入6840美元比美国的人均收入31910美元)。③

鉴于生产力的差距,若按当今发达国家的历史标准来衡量,发展中国家在20世纪80年代之前推行较高水平的关税保护其实并不过分。近20年来,随着贸易自由化不断深入,发展中国家的关税水平大大降低。我们甚至可以这样说:当今发展中国家保护主义的程度实际上要低于当今发达国家过去的保护主义程度。

---

① Maddison 1995.
② World Bank 1991;Maddison 1995.
③ 详见 Maddison 1995 以及世界银行网站。

第三章 制度与经济发展:"善政"的历史视角

第一节 导言

在"善政"的旗号下,制度发展问题最近已经成为发展政策讨论的中心议题。在过去的10年间,国际发展政策机构逐渐认识到,此前将重点放在通过"好政策"来"确保价格合理"是有各种局限的。现在这个机构开始意识到支撑价格体系的制度结构的重要性。[1] 特别是亚洲金融危机之后,国际发展政策机构开始将重点转向"确保制度合理",并开始附加卡普尔(Kapur)和韦布(Webber)提出的"与治理相关的种种条件"[2],而这场危机普遍被认为是制度结构不合理的结果。

一些人提出了反对意见。他们认为,每个国家都应该采用一套"好制度"(遗憾的是,这些制度常常被等同于美国的制度),并要求落后国家在短时间内(通常是5~10年)实现转型——世贸组织的各种协议就是最好的例证。他们还认为当前世贸组织制定的各种协定其实就是对他们的观点最好的证明。支撑这一观点的是一批

---

[1] 最新例证见 World Bank 2002。
[2] Kapur and Webber 2000。

数量快速增加的资料，主要来源于世界银行及其所属机构。这些资料可以在体制变量和经济发展之间建立统计相关性，并作为前后两者之间存在因果关系的假定基础。①

到底哪些制度应该列入"善政"之列？对此众说纷纭，一个重要的原因是我们还没能完全理解特定的制度和经济发展之间的关系。"善政"通常应包括：民主制、廉洁高效的官僚和司法制度、对（私有）产权包括知识产权的有力保护、良好的公司治理制度（特别是信息披露制度和破产法）、良好的金融制度。另外还有一些不常被纳入但很重要的内容，主要包括：良好的公共财政体系、社会福利体系、保障工人权益的劳工制度等。②

批评者认为，一方面，各个国际金融机构并没有得到官方授权去干预大多数"治理"问题；③ 另一方面，对发展中国家来说，发达国家的制度对发展中国家的人力和财力的要求太高了。还有一些批评者提出，有些制度甚至有悖于发展中国家现有的社会准则、文化价值观念。此外，也有人强调制度移植非常困难，并告诫不能将普遍的制度标准强加给情况各异的国家。

这些批评者的观点确有道理，但如果不清楚何种制度在何种条件下是必要的和（或）可行的，他们就将发展中国家现有的制度都加以合理化，这当然是危险的。可是还有其他选择吗？

第一个直接的办法就是，移植制度，观其效果，并且直接找到适合特定发展中国家的"最佳"制度。遗憾的是，从许多发展中国家结构调整失败和苏联共产主义国家经济转型失败的历史经验

---

① 这些研究详情参见 Aron 2000，制度变量是由咨询公司和研究机构基于对专家或商人所做的调查而建立的"指数"（关于这一指数详见 Kaufmann et al. 1999）。
② Kaufmann et al. 1999；Aron 2000；La Porta et al. 1999；Rodrik 1999.
③ 例如 Kapur and Webber 2000。

中，我们可以看出，这个方法并不可行，而且代价极高。

第二个方法就是让发展中国家静候制度的自然演进。建立适合本国国情的体制的最好办法莫过于任其自然演进，这种观点有一定道理，而且当今发达国家在自身发展历程中也采用了这种方法。不过，制度的自然演进需要漫长的时间，而且鉴于进化过程的本质，我们并不能保证通过这个方法产生的制度就一定是适合特定国情的制度。

第三个方法就是折中途径，以史为鉴，这种方法是笔者倾向采用的方法。正如我们在第二章从历史角度审视"好政策"那样，在制度发展方面，我们也能够而且应该从发达国家的历史状况而不是当前状况吸取教训。这样，发展中国家既可以学到发达国家的经验，又无须为创造新体制付出代价（这是发展中国家作为"后来者"，为数不多的优势之一）。这个方法非常重要，因为制度一旦确立，改变起来可能要比改变政策困难得多。另外，一些捐助国往往鼓励接受其财政援助的国家采纳某些特定的制度，而有些受助国政府会提出"我们尚未准备好"。借助这种历史视角，捐助国就可以判断出受助国的说法是否如实合理。

正如笔者在第一章所提到的，虽然从历史的角度来理解当今的发展问题具有显著的现实意义，但奇怪的是，这种方法很少被采纳。这种不正常的现象在制度发展领域尤为严重。[①] 本章力图填补这一重大空白。

在本章第二节中，笔者主要考察了 19 世纪初至 20 世纪初现在被视为"善政"必不可少的各个组成部分在当今发展中国家是如何演进的。本节中笔者主要考察了"善政"的六大主要内容，分别是民主制、官僚和司法制度、产权制度、公司治理制度、公私金

---

① 值得注意一个例子参见 Crafts 2000。这本书只涉及英国的情况，而且主要讲述金融制度和公司治理制度。

融体制、福利和劳工制度。

在本章第三节中，笔者将当今发达国家过去所取得的制度发展同与之有类似发展水平的当今发展中国家的制度发展情况进行了比较。本章第三节第一小节通过三张"快照"（1820年、1975年和1913年）展示了当今发达国家早期制度演进的历史进程。本章第三节第二小节探讨了当今发达国家制度演进的过程是如何"漫长而曲折"的。本章第三节第三小节比较了当今发达国家过去的制度发展水平和当今发展中国家的制度发展水平，并指出在可比较的发展阶段，当今发展中国家的制度发展水平实际上要比当今发达国家过去的制度发展水平高得多。

第二节 发达国家的制度发展史

一 民主制度

关于民主制度与经济发展之间关系的争论一直都特别激烈。[①] 战后初期，一种流行的观点认为，发展中国家负担不起"昂贵的"民主制度。今天国际发展政策机构的主流观点认为，民主制度有利于经济发展，因而必须加强民主为发展创造前提条件。[②] 不过，也有人认为，民主是发展的结果而不是前提条件，因此，无论我们是否认同民主有利于发展，民主都不是我们可以真正控制的一个变量。

本节并不试图阻止这场长期而艰难的争论。不过，发达国家在

---

① 巴德汉（Bardhan）在1993年做了简要回顾（详见 Bardhan 1993）。对二者关系争论的全面回顾详见 Rueschemeyer, Stephens and Stephens 1992，亦可参见 Przeworkski and Limongi 1993。
② 罗德里克（Rodrik）曾因公开批判国际发展政策机构的低效而闻名。就连他也赞同这一主流观点。他还提出，有助于我们建立更好体制的"元体制"是国际金融机构附加在其财政援助上的唯一一个"制度性条件"（详见 Rodrik 1999）在

第三章 制度与经济发展:"善政"的历史视角　99

这方面的历史经验给我们一个有趣的启示,令读者停下来思考,而不是立刻接受民主是发展的前提这一当今主流观点。

当选举最早出现在当今发达国家的时候,选举权仅局限于极小部分拥有土地的男性公民(通常在30岁以上),而且往往根据财产、教育程度和年龄的不同,每个人拥有的选举权也不尽相同。

例如,在法国,1815~1830年,只有30岁以上、至少缴纳直接税300法郎的男性才有选举权,这就意味着3200万总人口中,只有8万~10万人(占总人口的0.25%~0.3%)有选举权。1830~1848年,法国选举权的条件有所放宽,但有选举权的法国人仍只占总人口的0.6%。[1] 在英国,颁布的《改革法案》(*Reform Act*)是英国扩大选举权过程中具有决定意义的重大事件。当代观察家们普遍认为,在此之前,英国地主可以通过影响佃农、贿选、赞助等手段控制40次郡一级选举中的39次。[2] 不过,该法案颁布以后,拥有选举权的比例也只是从原来14%的男性公民提高到了18%。这个法案使财产权和选举权的联系更紧密了,也正因为如此,大量没有财产或财产极少的工匠和劳工们并没有获得选举权。意大利在1882年把选民年龄下限降到21岁,并放宽了对纳税额的要求。纳税额度虽然有所降低,但依然存在,再加上还有文化程度的限制,[3] 这时的意大利全国也只有约200万男性公民(占总人口的7%)拥有选举权。

直到1848年,法国才实现了成年男子普选,受限的民主制才开始出现在当今发达国家。从表3-1可见,19世纪中叶到20世纪最初的几十年里,大多数当今发达国家实现了成年男子普选。然而,这一过程并不是一帆风顺的。

---

[1] Kent 1939.

[2] Daunton 1998, pp. 477–478.

[3] Clark 1998, p. 64.

表 3-1　当今发达国家实现普选的起始年份

国家	成年男子普选	全民普选	国家	成年男子普选	全民普选
澳大利亚	1903①	1962	荷兰	1917	1919
奥地利	1907	1918	新西兰	1889	1907
比利时	1919	1948	挪威	1898	1913
加拿大	1920②	1970	葡萄牙	不详	1970
丹麦	1849	1915	西班牙	不详	1977(1931)⑦
芬兰	1919③	1944	瑞典	1918	1918
法国	1848	1946	瑞士	1879	1971
德国	1849②	1946	英国	1918⑤	1928
意大利	1919④	1946	美国	1965(1870)⑥	1965
日本	1925	1952			

说明：①有种族限制。
②有财产限制。
③共产主义者排除在外。
④有限制。
⑤30 岁以上的全部男女公民。
⑥1870 年，美国实现了成年男子普选。但 1890~1908 年出现了倒退，南部各州的黑人丧失了选举权，直到 1965 年才得以恢复。详见正文。
⑦1931 年，西班牙实现了全民普选。1936 年，弗朗哥将军发动政变，普选制随之被推翻。1975 年弗朗哥死后，普选制逐渐被恢复。详见正文。
资料来源：Therborn 1977 和 Silbey 1995 中的民主指标。此外，美国的数据引自 Foner 1998；西班牙的数据引自 Carr 1980；关于普选详见表 3-2。

例如，19 世纪后期，德国社会民主党有望赢得萨克森选举，至少是有赢得地方选举的可能性。于是，萨克森废除了此前采用的普选制，转而采用普鲁士式的"三级"选举制（普鲁士在 1849~1918 年实行）。① 在这一体制中，三个等级（按收入划分）中的每

---

① Ritter 1990；Kruezer 1996.

一个等级都选出同样多的代表组成议会。事实上，每个等级的总人数是不一样的，其中第一等级仅占总人口的3%~5%，而第二等级占总人口的10%~15%。这就意味着上层两个等级的实际选举权是大于最贫穷的第三等级的。1909年，萨克森甚至根据收入和地位不同给每个选民1~4个选举权，这就更偏离民主的方向了。例如，大农场主可以多得3个选举权，受过良好教育的人士和50岁以上的选民也可以得到更多的选举权。

1870年，美国通过了宪法第15条修正案，严禁各州"以种族、肤色或曾受到奴役为由"剥夺黑人的选举权。此后，黑人也获得了选举权。不过1890~1908年，南方各州先后再次剥夺了黑人的选举权，其中密西西比州是在1890年，佐治亚州是在1908年。当时明目张胆地推行种族主义政策已经不再可能，于是这些州采取了征收人头税、财产限制（同样剥夺了一些贫穷白人的选举权）和文化程度测试（对白人文盲极为宽松）等手段，使南部各州有资格选举的黑人寥寥无几。例如在路易斯安那州，1896年大选时有13万黑人参与了投票，1900年却只有5000人。[①] 此外，由于受到暴力威胁，本来为数不多有资格投票的黑人选民大多不敢去登记，即便登记了的黑人选民最后也不敢去投票。这种状况一直持续到1965年。那一年，在民权运动（The Civil Movement）的推动下，美国通过了《选举权法案》（*Voting Rights Act*）。

1932年，西班牙实行普选制，导致出现了一系列"左倾"或"中左倾"的共和政府，遭到了保守势力的强烈反对。1936年，以弗朗西斯科·弗朗哥为首的保守势力发动武装政变，推翻了共和政

[①] Garraty and Carnes 2000, pp. 445, 473; Foner 1998, p. 154; Kruman 1991, pp. 1, 45.

府，民主制度的发展也随之陷于停滞。直到1977年弗朗哥独裁统治结束，民主制度才得以恢复。①

到第一次世界大战末期，大部分当今发达国家在多数（白人）人口中实现了成年男子普选。即便完全从"民主"这个词的表面含义来讲，这些国家也算不上民主国家，因为妇女和少数民族并没有选举权。直到1946年，表3-2中所列的19个当今发达国家才大多实现了全民普选。

澳大利亚和新西兰先后在1903年和1907年赋予妇女选举权，是最早赋予妇女选举权的国家。不过澳大利亚非白色人种直到1962年才获得选举权。挪威直到1907年才开始允许纳税妇女和嫁给纳税男子的妇女参加选举，1913年实现全民普选。② 美国到1920年才允许妇女投票，而英国是在1928年。其他许多国家（如德国、意大利、芬兰、法国和比利时等）到第二次世界大战之后才允许妇女投票。在瑞士，妇女获得选举权比男性实现普选权要晚将近100年（其中，前者是在1971年，而后者是在1879年）。

另外，一些国家有基于政治信仰的选举权限制——1944年，芬兰禁止共产主义者投票。一些非白种人占相当比重的国家，如澳大利亚，选举权有种族限制。在美国，即便是在北方各州，黑人的选举权在内战之前也一直受限。例如在1821年，纽约州取消了对白人选民的财产限制，却将黑人选民的财产要求提高至250美元，"这一数目对该州几乎所有的黑人来说都是无法企及的"。1860年，在新英格兰地区仅有5个州，黑人（当然只是男

---

① Linz 1995；Carr 1980.
② Nerbørvik 1986, p. 125.

性）可以和白人以同等条件参加投票。① 即使在 1870 年宪法第 15 条修正案通过之后，各种正式的（如读写能力、"品性"、财产要求）和非正式的（如暴力威胁等）障碍仍将黑人挡在选举大门之外。②

当今发达国家最初正式实现民主时，民主制度的质量往往很差，就像当代许多发展中国家那样。"质量"问题一般体现在根据种族、性别和财产占有程度有选择地赋予公民选举权。这一点我们已经提及，但远不止于此。

第一，直到 20 世纪，秘密投票才得到普及。虽然挪威在民主制度方面比较发达，③ 但它到 1884 年才开始实行秘密投票。1919 年普鲁士选举改革之前，由于投票不保密，雇主可以向工人施压，迫使他们按特定的方式投票。1913 年，法国才出现投票信封和写票间，这比实现成年男子普选要晚了几十年。④

第二，收买选票和选举舞弊行为比比皆是。例如，贿选、威胁、通过承诺提供就业机会拉票等现象在 19 世纪后期前的英国选举中相当普遍。1853～1854 年，英国通过了《腐败行为法案》（*Corruption Practices Act*），这是为控制选举腐败而采取的第一个重大举措。该法案首次定义了贿选、"小恩小惠"、不当影响和威胁等行为，同时确立了选举账目登记和审计程序。但是这些措施并未奏效。⑤ 1883 年，英国又通过了《腐败与非法行为法案》（*Corrupt*

---

① Foner 1998, p. 74.
② Therborn 1977；Silbey 1995.
③ 例如 1814 年，挪威已经有约 45% 的成年男子获得了选举权，详见 Nerbørvik 1986, p. 119。而到 1832 年，英国 18% 的成年男子才获得选举权，详见 Nerbørvik 1986, p. 119；Kruezer 1996。
④ Kruezer 1996.
⑤ O'Leary 1962, pp. 23-25.

and Illegal Practices Act），大大减少了选举腐败行为，但选举中的腐败问题还是延续到了 20 世纪，特别是在地方选举中。① 在美国实现成年男子普选之后的几十年里，利用政府官员开展党派政治宣传（包括强迫他们为竞选基金捐款）、选举舞弊、收买选票等选举丑闻数不胜数。②

由于竞选耗资巨大，官员们在当选后腐败就不足为奇了。19 世纪后期，美国立法机构特别是各州议会腐败至极。后来的西奥多·罗斯福（Theodore Roosevelt）总统悲叹，纽约州那些把表决票公开卖给游说团体的议员们，"对待公职生涯的态度就如同秃鹫对待死羊一般"③。

这么看来，当今发达国家通向民主的道路是曲折的。经过数十年的政治运动（如为妇女和黑人争取选举权的政治运动）和选举改革之后，这些国家才达到了民主制最基本的要求，即普选制和秘密投票制。但这时的民主制还依然备受选举舞弊、收买选票和暴力威胁的困扰。

有趣的是，与同处在早期发展阶段的当今发达国家相比，当今发展中国家在民主制度方面似乎做得更好些。从表 3-2 中可见，

---

① Searle 1987；Howe 1979 - 1980.
② 1868 年《纽约时报》报道，通过贿赂把外国人"批量加工"成美国公民，其做法"与辛辛那提屠宰场将生猪制成猪肉一样，速度快，且毫无体面可言"。详见 Cochran and Miller 1942, pp. 158 - 159；Benson 1978。
③ Garraty and Carnes 2000, p. 472. 19 世纪 60~70 年代，州议员公开售卖选票的现象尤为泛滥。腐败的两党州议员被称为"黑色骑士"，他们对铁路议案的要价是 1000 美元一票，最后频频出价使每张票的价格上涨至 5000 美元。他们还提出了一项"罢工议案"，议案如果获得通过，将极大地损害某些富人和大公司的利益。他们以放弃议案为筹码，勒索钱财。结果一些大公司成立了游说组织，买通了立法机关，才使自己免受勒索（详见 Benson 1978, pp. 59 - 60）。

没有一个当今发达国家在人均收入低于2000美元（按1990年国际美元计算）的时候实行普选，而表3-2所列出的当今大部分发展中国家在远低于这一水平的情况下就实现了普选。

表3-2 各国在实现全民普选时的人均收入水平

人均GDP（按1990年国际美元计）	当今发达国家（实现全民普选的年份；人均GDP）	发展中国家和地区（实现全民普选的年份；人均GDP）
<1000美元		孟加拉国(1947;585美元)[①] 缅甸(1948;393美元)[②] 埃及(1952;542美元) 埃塞尔比亚(1955;295美元) 印度(1947;641美元) 印度尼西亚(1945;514美元) 肯尼亚(1963;713美元) 巴基斯坦(1947;631美元)[①] 韩国(1948;777美元) 坦桑尼亚(1962;506美元) 扎伊尔(1967;707美元)
1000~1999美元		保加利亚(1945;1073美元) 加纳(1957;1159美元) 匈牙利(1945;1721美元) 墨西哥(1947;1882美元) 尼日利亚(1979;1189美元) 土耳其(1946;1129美元)
2000~2999美元	奥地利(1918;2572美元) 德国(1946;2503美元) 意大利(1946;2448美元) 日本(1952;2277美元)[③] 挪威(1913;2275美元) 瑞典(1918;2533美元)	哥伦比亚(1957;2382美元) 秘鲁(1956;2732美元) 菲律宾(1981;2526美元)

续表

人均 GDP （按 1990 年国际美元计）	当今发达国家 （实现全民普选的年份；人均 GDP）	发展中国家和地区 （实现全民普选的年份；人均 GDP）
3000~3999 美元	丹麦（1915；3635 美元） 芬兰（1944；3578 美元） 法国（1946；3819 美元）	中国台湾（1972；3313 美元） 智利（1949；3715 美元）
4000~4999 美元	比利时（1948；4917 美元） 荷兰（1919；4022 美元）	巴西（1977；4613 美元）
5000~9999 美元	澳大利亚（1962；8691 美元） 新西兰（1907；5367 美元）④ 葡萄牙（1970；5885 美元） 英国（1928；5115 美元）	阿根廷（1947；5089 美元） 委内瑞拉（1947；6894 美元）
>10000 美元	加拿大（1970；11758 美元）⑤ 瑞士（1971；17142 美元） 美国（1965；13316 美元）	

说明：①人均 GDP 为 1948 年数据。
②人均 GDP 为 1950 年数据。
③第二次世界大战后，占领军于 1945 年制定的宪法中规定实行普选制，但直到 1952 年美国军事统治结束才生效。
④1907 年，新西兰从英国独立，获得主权后实现普选制。
⑤1970 年通过的《选举法案》中规定实行全民普选制。
资料来源：Therborn 1977；《选举》（*Elections* 1989）；Maddison 1995。

当然，就像当今发达国家过去那样，这些发展中国家在民主进程中也大多经历了各种反复，特别是由军事政变造成的反复。必须指出的是，当今发展中国家的非民主政权虽然有时会使选举陷于停顿，但从未出现过根据财产情况、性别、种族等因素选择性地给予选举权的情况，而这些因素在当今发达国家的早期阶段曾被广泛接受，成为选举权的合法标准。这表明，暂且不谈普选实践，至少普选理念在今天发展中国家要比处在类似发展阶段的当今发达国家要更深入人心。

二 官僚和司法制度

(一) 官僚制度

高效廉洁的官僚机构对经济发展至关重要,几乎没有人会反对这一观点,就连那些常常怀疑政权能动性的人也不例外。[1] 然而,当前我们热议的话题是到底该如何定义高效和廉洁、如何制定官僚激励体系以实现高效和廉洁。

20世纪的主流观点是由德国经济学家、社会学家马克斯·韦伯提出来的。他认为,现代官僚制度的基础是精英选拔、长期闭合的通才式职业道路、源于制度规章管理的群体归属感。[2] 最近"新公共管理"(New Public Management,NPM)学说对正统的韦伯理论提出了挑战。该学说主张进行官僚制度改革,使其更倾向于短期开放的专才式职业道路、更强化金钱激励和以量化透明的绩效标准建立更高效的(或保持距离型的)管理模式。[3]

新公共管理学说所倡导的某些变化可能有益于调整发达国家中已有的韦伯式官僚制度,但对广大发展中国家来说,最迫切的问题是如何使自己现有的官僚制度具备最基本的"韦伯特征"。[4] 这也是当今发达国家在早期发展阶段曾经面临的任务。

众所周知,直到18世纪,公开出售公职和荣誉的行为——有时还有广为宣传的明码标价——在当今发达国家非常普遍。腓特

---

[1] World Bank 1997. 第六章从国际发展政策机构的角度总结了当前关于这一问题的争论。
[2] Weber 1968. 对这一观点更详尽的论述参见 Evans 1995,第二章。
[3] 对新公共管理学说的批判性评价,详见 Hughes 1994;Hood 1995,1998。
[4] Rauch and Evans 2000. 该书列举了统计数据,证实了这一观点。

烈·威廉一世（1713～1740年在位）进行广泛的官僚制度改革之前，普鲁士的官职虽没有被公开出售，但官员通常要为第一年的薪水纳税，因此官职常常被授予愿意缴纳最高税金的人。①

因为官职可以公开买卖，在许多国家官职被视为私有财产。例如在法国，1873年之前官员纪律一直难以制定正是出于这个原因。② 英国19世纪初实行官僚制度改革之前，政府部门是不对议会负责的私人机构，只给官员开服务费而不付薪水，并且保留了许多过时的职位，如挂名职位等。③ 同出售官职有关的另一件怪事是包税制④。包税制在大革命前的法国相当普遍，也在英国、荷兰等其他国家实行过（详见本章第二节）。

随着1828年安德鲁·杰克逊（Andrew Jackson）当选美国总统，政党分肥制（将公职委派给执政党支持者的制度）成为美国政治的关键制度。内战后的几十年里，政党分肥制愈演愈烈。⑤ 19世纪，要求公职改革的呼声高涨。人们强烈要求建立一支专业的、无党派倾向的文官队伍。但直到1883年美国通过《彭德尔顿法案》（Pendleton Act）才算在官僚制度上取得一些进展（法案详细内容见下文），⑥ 而意大利和西班牙在整个19世纪一直实行政党分肥制。⑦

---

① 详见 Kindleberger 1984，pp. 160–161（英国）；pp. 168–169（法国）；Dorwart 1953，p. 192（普鲁士）。
② Anderson and Anderson 1978.
③ Finer 1989.
④ 包税制是国家采取的一种间接税征收形式，国家将政府的征税活动承包给最高的投标者。——译者注
⑤ Cochran and Miller 1942，pp. 156–160；Garraty and Carnes 2000，pp. 253–254；Finer 1989.
⑥ Garraty and Carnes 2000，p. 472；id. pp. 581–583.
⑦ Anderson and Anderson 1978.

除买卖公职外，官僚体系中的裙带关系也十分盛行。这方面的具体历史数据是很难统计的，对现有数据的分析也必须慎之又慎。阿姆斯特朗（Armstrong）指出，法德两国有相当一部分精英行政官员的父亲曾做过高级文官，这足以表明其中的裙带关系。[①] 例如19世纪早期法国实现工业化以前，大约23%的高级文官的父亲也是精英行政人员。在19世纪中期法国工业的崛起阶段，这一比例仍高达21%。普鲁士在19世纪早期和中期的高级文官的父亲也是精英行政人员的比例分别为31%和26%。[②] 弗伊希特万格（Feuchtwanger）指出，即便是在腓特烈·威廉一世推行广泛的官僚制度改革（见下文）之后，"裙带关系依然猖獗，许多公职甚至几乎是世袭的"[③]。普鲁士通过变更入职条件，消除了来自受过良好教育的中下层人士的竞争。19世纪60年代，"经过严密控制的选拔程序选拔，产生了一支由贵族和较富裕的中产阶级组成的精英行政队伍"。[④]

由于买卖公职、政党分肥制、裙带关系普遍存在，大多数当今发达国家官僚队伍中专业精英奇缺的情况至少延续到19世纪末期也就毫不奇怪了。美国的杰克逊主义者鄙视专业知识，以让尽可能多的公民能参与政府事务为由反对官僚专业化。虽然根据1883年《彭德尔顿法案》，美国设立了公务委员会管理联邦政府官员的竞聘性选拔，但是真正实行竞聘性选拔的公职岗位仅占10%。19世纪末，意大利的官员们"在任期、解聘、养老金等方面既没有约

[①] Armstrong 1973.
[②] 当然，这并不意味着裙带关系决定所有官员的任命。
[③] Feuchtwanger 1970, p. 45.
[④] Armstrong 1973, pp. 79–81. 然而，在这里要谨慎理解"贵族"一词。自腓特烈·威廉一世统治时期开始，普鲁士习惯于把那些通过为王室效力而跃居高位的普通人称为贵族，详见 Feuchtwanger 1970, pp. 45–46。

定俗成的保障，也无权提起诉讼，更没有法律保障"。直到 20 世纪初，西班牙公职人员的职业生涯在很大程度上取决于当时所谓的"教父制"（godfathership）。19 世纪，比利时是仅次于英国的第二大工业国。即便如此，比利时的文官专业化直到 1933 年才完全实现。①

当今发达国家的官僚制度现代化是经过漫长而艰难的改革才得以实现的。普鲁士是官僚制度改革的先驱。1713 年，腓特烈·威廉一世登上皇位后，便发动了一场广泛的官僚制度改革，主要措施有：将分散在 20 多个领土实体（其中许多领土实体甚至不接壤）的权力和职责重叠的部门的权力集中到中央，把官员们的地位从皇室的私仆变为国家的公仆，定期以现金形式（而不是以前的实物形式）支付官员足额薪水，建立严格的官员监督体系等。② 得益于以上措施及其子腓特烈大帝（1740～1786 年在位）进一步采取的措施，19 世纪初普鲁士可以说已经具备了现代官僚制度（韦伯式的官僚制度）的各项关键因素——入职考试、层级结构、养老金体系、纪律规定和固定任期。19 世纪初，德意志其他各邦，如巴伐利亚、巴登、黑森等也按照这一思路在官僚制度上取得了重大进展。③

1780～1834 年，英国通过一系列改革消除了挂名职位。19 世纪上半期，英国基于服务费的官僚薪酬制转变为薪金制。这一时期，英国政府部门从私人机构转变为现代意义上的政府部门。到

---

① Garraty and Carnes 2000, pp. 254, 583（美国）；Clark 1996, p. 55（意大利）；Palacio 1988, p. 496（西班牙）；Baudhuin 1946, pp. 203 – 204（比利时）。
② 详见 Dorwart 1953；Feuchtwanger 1970；Gothelf 2000。
③ 当今发展中国家现代"韦伯式"的官僚制度的特点，详见 Rauch and Evans 2000；Anderson and Anderson 1978；Blackbourn 1997, pp. 76 – 77, 82 – 84。

1860年之后，英国文官制度彻底实现了现代化。① 在19世纪的最后20年里，美国的官僚制度专业化取得了重大进展，联邦政府中实行竞聘选拔的职位比例从1883年《彭德尔顿法案》刚刚颁布时的10%上升到1897年的将近50%。②

（二）司法体系

当代关于"善政"的论述强调由政治上独立的司法机构来行使"法治"。③ 但我们不要轻易相信"司法独立"的说辞。

在政治上高度独立的司法制度（比如德国和日本的司法制度）不一定能令人满意，因为这样的司法制度缺乏民主责任。正因为如此，一些国家的部分司法人员是通过选举产生的——当今的美国和19世纪的英国就是最广为人知的例子。④ 英国最高级别的法官也是上议院议员。司法和立法之间的界线是模糊的。不过，很少有人认为这是一个大问题。

因此，我们在认识司法制度时，不能简单地只看制度的政治独立性，而应该考虑多个角度——司法人员的专业精神、办案质量（既要从"法治"角度来看，也要从广阔的社会角度来看）以及体系的运行成本。

与当今发展中国家的司法制度一样，许多当今发达国家的司法制度也曾苦于过多的政治影响和司法任命（或选举）中的腐败行为，这种状况一直持续到19世纪末，甚至还要更晚。司法体系中常常充斥着几乎未受过任何法律培训却拥有特权的人员，导致司法不公并且司法人员缺乏专业精神。

---

① Hobsbawm 1999, p. 209.
② Benson 1978, pp. 81, 85.
③ 对虚假的"法治"的批判详见 Upham 2000；Ohnesorge 2000。
④ 详见 Upham 2000。

在英国，即使是 1853~1854 年和 1883 年的反腐败法也没影响到验尸官①选拔中的大量腐败及党派政治操纵行为。1888 年，英国才取消郡一级验尸官的选拔。直到 1926 年，英国政府才开始要求验尸官必须具有专业资格。②

19 世纪后期，德国在"法治"方面取得了重大进展。到 19 世纪末，德国已经基本实现司法独立。不过，这时的法律仍缺乏平等意识。法院往往不重视军人和中产阶级犯罪，判刑也不是很重。在这一时期，"阶级公正"问题在英、美、法等当今发达国家也同样严重。③ 至少在 19 世纪后期以前，意大利法官一般没有法律背景，他们"连自己都保护不了，更不用说保护他人免遭政治迫害了"。④

三 产权制度

"善政"理论中，产权制度的"质量"至关重要，因为它被视为决定投资积极性的一个关键因素，进而决定财富的创造。然而，衡量产权制度的质量并非易事，因为产权制度包含很多内容——合同法、公司法、破产法、继承法、税法、土地使用法（如城镇分区规划法、环保标准、防火条例）等。

在许多经验研究中，这类"加总问题"（Agrregation Problem）可以通过请调查对象对产权制度的总体质量（对"合同及产权的

---

① 验尸官最早是英国诺曼王朝时设置的一个王室职务，相当于国王的司法官，由各地的骑士担任，主要职责之一是调查非正常死亡案件中死者的死亡原因。当今，在美国、澳大利亚等受英国司法制度影响的国家，依然保留了验尸官的职位。——译者注

② Glasgow 1999.

③ Blackbourn 1997, p. 384.

④ Clark 1996, p. 54.

安全性"或"合同或产权的执行情况")打分的方式来解决。① 但是，本小节试图对产权制度进行历史比较，于是这种极不充分的"解决方案"也用不了。

与本章所讨论的那些更容易"衡量"发展程度的其他制度（比如民主可以通过普选制来衡量，而金融体制的发展可以通过中央银行等标准来衡量），因此要对不同历史时期、不同国家的产权制度做一个概括性比较是不可能的。

产权制度中的确有一个方面易于进行此类分析，那就是知识产权。知识产权是由为数不多的几部易于辨识的法律（如专利法，在较小程度上也包括版权法和商标法）。因此，在本节中，我们将对当今发达国家知识产权制度的演化做详尽的实证分析。首先来看一些关于知识产权在经济发展中的作用的一般理论性评述（也举出一些历史参考文献）。

（一）有关产权和经济发展的若干误解

当代的正统理论普遍认为，产权保护的力度越大，经济发展就越快，因为保护产权会刺激财富创造。产权安全的长期不稳定性会危害长期投资和经济增长。虽然这种观点并非毫无道理，但是产权在经济发展中的作用远比这种论调所讲的要复杂得多。

产权安全本身不能被视为好事。历史上有很多这样的事例：保护某种既有产权最终阻碍了经济发展，而侵犯某种既有产权（并建立新产权）反而有益于经济发展。

最广为人知的例子可能要数英国圈地运动了。圈地运动圈占了公地，侵犯了共有财产权，却促使人们在侵占的土地上养羊，从而推动了羊毛纺织业的发展。再举一些例子。赫尔南多·德·索托（Hernando De Soto）记述了侵犯既有财产所有者的权利，承认占地者

---

① 更多例子详见 Aron 2000 表 1。

的权利在美国西部开发中有多么重要。厄珀姆（Upham）在其著作中引用了1868年著名的桑德森一案。在该案中，宾夕法尼亚州最高法院驳回了土地所有者们要求获取清洁水源的权利，支持了煤炭工业（煤炭工业在该州是当时最关键的产业之一）。[①] 第二次世界大战以后，日本、韩国、中国台湾地区的土地改革侵犯了地主的既有产权，却为这些国家和地区随后的发展做出了重要贡献。第二次世界大战后，奥地利、法国等国家实行工业企业国有化，将某些工业产权从因循守旧、死气沉沉的工业资本家阶层转移到热衷现代技术、热心投资活动的公有经济职业经理人的手里。许多人认为，这大大推动了这些国家工业的发展。

因此，对经济发展而言，重要的不是不论性质保护一切既有产权，而是要清楚在何种条件下应该保护何种产权。如果有某些群体能比目前的财产所有者更好地利用既有财产的话，更好的选择或许是不去保护既有产权，而是将财产转移给这些群体来创造新产权。让我们带着这一总原则来仔细考察一下知识产权体制。

（二）知识产权

1474年，威尼斯出现了第一个专利制度，这个制度给予新工艺和新机器发明者10年的专有期。16世纪，以萨克森为典型代表的某些德意志邦国出现了专利政策，但这时还没有完全系统化。1623年，随着《垄断条例》（*Statue of Monoplies*）的出台，英国的专利法诞生。不过，许多研究者[②]认为这里的专利法在1852年被修订之前并不能算作真正的"专利法"。1791年，法国通过了专利法，而美国是在1793年，奥地利则是在1794年。

正如第二章所提到的，其他大多数当今发达国家（或地区）

---

① De Soto 2000; Upham 2000.
② 例如，McLeod 1988.

在 19 世纪上半期制定了专利法——俄国（1812 年）、普鲁士（1815 年）、比利时和荷兰（1817 年）、西班牙（1820 年）、巴伐利亚①（1825 年）、撒丁②（1826 年）、梵蒂冈（1833 年）、瑞典（1834 年）、符腾堡③（1836 年）、葡萄牙（1837 年）、萨克森（1843 年）。1885，日本制定了第一部专利法。④ 19 世纪下半期，这些国家创立了知识产权制度的其他要素，诸如版权法（1709 年由英国最先制定）和商标法（1862 年由英国最先制定）。

需要说明的是，按当今的标准，所有早期的知识产权制度都极"不完善"⑤。许多国家的专利制度缺乏信息公开，申请专利和处理申请的成本过高，对专利所有者的保护力度不够。大多数专利法疏于对发明原创性进行审查。例如在美国，1836 年专利法修订之前，无须任何原创性证明，即可获得专利。这导致出现了为进口技术申请专利的情况，也诱使一些骗子干起了"勒索租金"的勾当。这些骗子为当时已经在使用的技术申请专利（"虚假专利"），以将其侵权行为诉诸法律为要挟，敲诈勒索技术使用者。⑥ 绝大多数国家

---

① 巴伐利亚是德意志地区曾经存在的一个王国，存在时间为 1806～1918 年。——译者注
② 撒丁是意大利境内独立的王国，存在时间为 1720～1861 年，位于意大利西北部。——译者注
③ 符腾堡是 1806～1918 年德意志地区的一个邦国，位于现今巴登 - 符腾堡州。——译者注
④ Penrose 1951, p. 13; Doi 1980（日本）。
⑤ 笔者在这里给"不完善"一词加了引号，是因为所谓"不完善"至少有一部分是个人主观观点。譬如一些人认为不应该允许为化工制品和药品申请专利，但也有人认为这种专利是合情合理的。
⑥ Cochran and Miller 1942, p. 14. 1820～1830 年，美国每年产生 535 项专利，而英国每年只有 145 项，出现这种差异的主要原因是英美两国的"顾虑"不同。与这一观点不同，索克罗夫（Sokoloff）和汀（Kahn）在其著作中指出，到 1810 年，美国的人均专利数领先于英国的主要原因是美国有"良好"的专利体系（详见 Sokoloff and Kahn 2000, p. 5）。

不允许为化工产品和药品（相对于生产工艺而言）申请专利，世界贸易组织的 TRIPS 协议也将这种做法视为"非法"，只有少数最贫穷的国家可以例外（这种例外截至 2006 年）。①

这些法律对知识产权的保护力度相当不够，特别是对外国知识产权的保护。当今，与贸易相关的 TRIPS 协议生效后，外国知识产权保护成为争议的热点。前文已经提到，19 世纪的专利法大多疏于对专利原创性进行审查。此外，英国（1852 年以前）、荷兰、澳大利亚、法国等国家明文许可本国公民为进口的发明申请专利，这一点前文也已提到。另外，瑞士和荷兰专利法的情况尤其值得重视。②

如第二章所论述的，1869 年，荷兰废止了 1817 年颁布的专利法，主要原因在于：一是即便按当时的标准衡量，1817 年颁布的专利法本身也不完善；③ 二是受当时席卷欧洲的反专利运动的影响，这场与自由贸易运动密切相关的反专利运动对专利大加谴责，认为专利无异于其他垄断行为。④

1888 年，瑞士颁布了一个只保护机械发明（能用机械模型展示出来的发明）⑤ 的专利法。在此之前，瑞士一直不承认任何发明

---

① 允许为化工制品申请专利的国家有：联邦德国（1967 年）、北欧国家（1968 年）、日本（1976 年）、瑞士（1978 年）、西班牙（1992 年）。允许为药品申请专利的国家有：联邦德国和法国（1967 年）、意大利（1979 年）、西班牙（1992 年）。直到 20 世纪 90 年代，加拿大依然不允许为药品申请专利（详见 Patel 1989, p. 980）。
② 详见 Schiff 1971。
③ 荷兰 1817 年的专利法并不要求公开专利的详情，还允许为进口发明申请专利，它取消了那些已在国外获得专利权的发明在国内的专利。只要是出于发展本土工业的目的，即便企业未经许可使用专利产品，也不会受到惩罚（详见 Schiff 1971, pp. 19-20）。
④ Machlup and Penrose 1950; Penrose 1951.
⑤ Schiff 1971, p. 85.

的知识产权。后来，因为瑞士使用了德国的化工和医药发明，所以德国以施加贸易制裁来报复瑞士，这才促使瑞士在1907年制定了一部名副其实的专利法。不过，这部专利法规定了许多不授予专利的情况，特别是拒绝给化工产品（相当于化工工艺）授予专利权。1954年，瑞士的专利法才达到当时其他当今发达国家的水平。直到1978年，瑞士才允许化工产品申请专利。①

19世纪后期以后，由于越来越多的国家出台了知识产权法，建立国际知识产权制度随之被提上了日程。② 从1873年维也纳会议开始，各国围绕国际知识产权制度召开了一系列国际会议。1883年，11个国家最终签署了《保护工业产权巴黎公约》（简称《巴黎公约》），最初的缔约国有比利时、葡萄牙、法国、危地马拉、意大利、荷兰、圣萨尔瓦多、塞尔维亚、西班牙和瑞士。

公约不仅涉及专利法，也涉及商标法，这使瑞士、荷兰这两个当时还没有专利法的国家也签署了公约。1886年，10个国家签署了关于版权的《保护文学和艺术作品伯尔尼公约》（简称《伯尔尼公约》）。后来《巴黎公约》经过修订（主要是在1911年、1925年、1934年、1958年和1967年）进一步强化了专利所有者的权利。在TRIPS协议之前，《巴黎公约》和《伯尔尼公约》一直是国际知识产权制度的基础。③ 然而，正如笔者在第二章第三节中已经提到的，在建立国际知识产权制度之后，即便当时最发达的当今发达国家也经常侵犯他国公民的知识产权，这种状况一直持续到20世纪以后。

---

① Schiff 1971；Patel 1989, p. 980.
② 详见 Chang 2001a.
③ Shell 1998；Chang 2001a.

上述情况表明，以当今发展中国家被要求达到的标准衡量，当今发达国家（在它们还是发展中国家的时候）的知识产权制度曾经非常不完善。严重侵犯知识产权的行为，特别是侵犯他国公民知识产权的行为，在当时最发达的当今发达国家也频频发生。这种普遍的侵权现象一直持续到19世纪后期，甚至还要更晚。

四　公司治理制度

（一）有限责任制

如今，我们把有限责任制的原则视为理所当然。16世纪，有限责任的概念被正式提出来。随后的几个世纪里，由于高风险的大规模商业项目（英国东印度公司就是最著名的例子）的开展，人们对有限责任制存在颇多质疑。

许多人指出，有限责任制会给公司所有者和管理者带来过高的风险（或我们今天所说的"道德风险"）。他们认为，对失败和贫穷的恐惧是资本主义的主要约束机制，为加强这一约束人们还特别制定了严格的破产法。但有限责任制削弱了这种恐惧（同时刺激了人们的贪欲）。

亚当·斯密认为，有限责任制会导致管理者逃避责任。颇具影响力的19世纪早期的经济学家约翰·麦克库勒奇（John McCulloch）认为，有限责任制会使公司所有者对雇佣的管理者放松管理。[①] 还有人认为，有限责任制是导致金融投机的主要原因。基于这些顾虑，1720年，英国通过了《泡沫法案》（*Bubble Act*），禁止成立新的有限责任公司。但1825年，英国废止了这部法律，

---

① Gillman and Eade 1995.

又允许成立有限责任公司。①

然而，正如过去几个世纪里反复证明的，有限责任制是"风险社会化"最强有力的机制之一，促成了空前规模的投资行为。正因为如此，尽管有限责任制存在"道德风险"，但所有社会仍接受了它，并将其奉为现代公司治理的基石。②

16世纪以来，许多欧洲国家的有限责任公司（当时称为合股公司）需要有皇家特许状方可成立。③直到19世纪中叶，有限责任公司才不再需要经过特别批准，成为一种普通的公司形式。

1844年，瑞典最先推出广泛的有限责任制。1856年，英国紧随其后通过了《合股公司法案》（*Joint Stock Company Act*），不过英国银行在1857年推行了有限责任制，保险业更晚些，是在1862年，这也反映了当时人们对该制度可能造成严重的"道德风险"的普遍担忧。根据罗森堡（Rosenberg）和泊泽尔（Birdzell）在著作中的记述，即使到19世纪末，有限责任制已推行了几十年以后，小商人们"积极操控公司及其所有者，试图通过建立有限责任公司限制为公司债务承担义务"的行为仍为人们所不齿。④

1822年，比利时成立了第一家有限责任公司。到19世纪30年代，又涌现了大量的有限责任公司。不过，直到1873年，有限责任公司才在比利时实现了广泛化。19世纪50年代，德意志诸邦

---

① 然而，金德尔伯格认为，《泡沫法案》是"一个拯救南海公司的办法，而不是对公司的打击。因为该法案阻止了竞争对手通过宣传活动引走流向该公司的资金"（详见 Kindleberge 1984, p.70）。笔者对此表示同意。不管背后有何意图，《泡沫法案》存在了一个世纪这一事实仍可以说明，当时人们普遍认为有限责任制会导致投机活动。
② Rosenberg and Birdzell 1986; Chang 2000.
③ Kindleberger 1984, p.196.
④ Rosenberg and Birdzell 1986, p.200.

推行了一种受限的有限责任制,即公司主要所有者承担无限责任,但可以出售包含有限责任的股份。直到19世纪60年代,德意志诸邦才削弱或打破了传统的行会法,从而为有限责任制的完全制度化打开了大门。萨克森是在1861年实现完全的有限责任制,符腾堡是1862年,普鲁士是在1868~1869年。法国的有限责任制在1867年实现了广泛化。1848年,西班牙早就出现了合股公司,但直到1951年才完全确立有限责任制。有趣的是,葡萄牙早在1863年就实现了广泛的有限责任制,但当时葡萄牙国内的经济还相当落后。[①]

1811年,美国纽约州制定了第一部广泛的有限责任制法。不过,由于当时人们对有限责任公司普遍不感兴趣,这部法律在1816年前后被弃置不用。而美国其他州直到1837年才开始允许成立有限责任公司。此后,与当时的欧洲国家一样,美国对有限责任公司的成见依然很深,这种情况至少持续到了19世纪50年代。甚至到19世纪60年代,从事制造业的公司大多还是非有限责任公司,仍没有联邦法律对广泛的有限责任制做出规定。[②]

(二)破产法

过去的20多年里,破产法引起了越来越多的关注。这一时期发生了多次经济危机,随之而来的大规模公司倒闭现象使人们更加意识到,应该建立有效机制来协调相互竞争的权利要求、转移资产、保护就业。20世纪70~80年代经济合作与发展组织成员国的工业危机、共产主义阵营解体、20世纪80年代后期以来"转型"的失败、1997年亚洲金融危机,都是与破产法相关的重要事件。

[①] Dechesne 1932, pp. 381-401(比利时);Tilly 1994;Millward and Saul 1979, p. 416(德国);Bury 1964, p. 57(法国);Voltes 1979, pp. 32-35, 46(西班牙);Mata and Valerio 1994, p. 149(葡萄牙)。

[②] Garraty and Carnes 2000, pp. 231-232, 244, 362.

第三章 制度与经济发展:"善政"的历史视角

究竟什么样的破产法才是最好的?是美国的维护债务人权益的破产法,英国的维护债权人权益的破产法,还是法国的维护员工权益的破产法?这场争论至今尚未平息。不过,有一点是毫无疑义的,那就是有效的破产法确实值得期待。①

在工业化之前的欧洲,人们认为破产法主要是用来建立可供债权人夺取破产商人财产并对不诚信、铺张浪费的商人进行惩罚的法律。1542年,英国颁布了第一部破产法,该法只适用于负债达到一定额度的商人。1571年,英国对该法进行了修订,强化了破产法。修订法案对破产商人非常严厉,规定他们日后的所有财产都应该用来偿还以前的债务。②

随着工业的发展,人们越来越认识到,企业倒闭可能是因为一些个人无法掌控的情况,而不一定是商人的不诚信或铺张浪费的结果。因此,破产法开始被视为一种给破产者提供重新开始的机会的手段。破产法的这种转变和普遍的有限责任制共同构成了"风险社会化"机制发展的关键要素,而风险的社会化刺激了建立现代化规模的产业所必需的更大的冒险活动。例如1705~1706年,英国采取了一系列措施,允许合伙破产者保留5%的资产,同时规定在债权人许可的情况下,可以免除某些破产者日后的全部债务。③

然而,直到19世纪中叶,按现代标准衡量,英国的破产法仍然极不完善。那时仅有一小部分商人可以从破产中恢复过来,控告权也完全掌握在债权人手中,而且破产制度在全国也并不统一。那时的免除债务程序也有问题,只有债权人才能免除债务,而不是法

---

① 关于这场争论,特别是有关美国、英国和东亚的争论,详见 Carruthers and Halliday 1998; Carruthers 2000。
② Duffy 1985, pp. 7 – 9.
③ Duffy 1985, pp. 10 – 12.

院，这就使许多商人失去了重新开始的机会。此外，破产委托人缺乏专业精神，也容易出现腐败。①

在维多利亚时代，从1831年破产法院建立开始，英国破产法经历了一系列改革。1842年修正案规定，法院而非债权人有权决定免除债务，使破产者更容易获得第二次机会。然而，该破产法的适用范围仍然有限，直到1849年，才开始适用于任何一个以"货物或商品的工艺"谋生的人。② 美国早期的破产法仿照英国早期的破产法（偏向维护债权人权益），并在州一级执行。但直到19世纪末，美国仅有少数几个州有破产法，而且各州破产法也并不一致。美国在19世纪（1800年、1841年和1867年）曾先后出台了几部联邦破产法。但由于自身存在缺陷，这些法律只是昙花一现。它们先后在1803年、1841年和1878年被废止。例如1800年颁布的破产法免除了许多破产者在18世纪90年代因从事高速公路收费和土地投机而欠下的理应偿还的债务，这种免债行为只能导致更多的投机活动。1841年的破产法规定，破产者只分给债权人10%的资产，大部分财产则被用来支付司法和行政费用，这部破产法也因此饱受诟病。该法还规定，破产者的财产必须立即变卖为现金，致使债权人在经济上处于不利地位。此外，法院案件过多，根本处理不过来。这些也是导致1841年颁布的破产法被批判的重要原因。1867年颁布的破产法获得通过后的最初4年里，每年的破产案件多达25000起。此外，围绕该法而展开的另一个争议焦点是，该法放松了要求，规定破产者只需偿还美国内战前所欠下至少一半的债务即可，债权人对此表示强烈抗议，认为这种让步为不负责任的行

---

① Duffy 1985, pp. 16–17; Hoppit 1987, pp. 32–37.
② Duffy 1985, pp. 52–53; Marriner 1980.

为提供了法律保护。①

直到 1898 年，美国国会才通过一部持久的联邦破产法。该法规定，免除一切债务，而不仅仅是 1898 年以后产生的债务；允许自愿破产和非自愿破产；农场主和工薪阶层免于非自愿破产；保护根据各州法律可以免于抵债的一切财产；给破产者提供一个宽限期，以便他们重新安排自己的事务或者与债权人达成妥协。

(三) 审计、财务报告和信息披露

自亚洲金融危机以来，财务审计和信息披露的重要性引起人们极大关注。许多外国债主将其不良贷款的决策归咎于发生危机的国家的公司账目不清以及审计和信息披露要求不严。这一论调不难反驳。早在危机爆发之前，这些国家公司的信息上就已经存在上述问题，这是不争的事实。这么看来，国际债主们"缺乏信息"的说法基本上是在自欺欺人。②

尽管如此，改善公司信息质量和信息披露无疑还是值得期待的。但我们有必要对建立这些制度所需的人力、财力成本同制度本身能带来的裨益加以权衡，特别是在人力和财力短缺的发展中国家。

纵观当今发达国家的发展历史，我们会惊奇地发现，在进入 20 世纪以后，这些国家对公司财务报告和信息披露要求的管理制度的质量依然很差。

1844 年，英国通过了《公司法案》（Company Act），要求公司必须实行外部审计。然而，1856 年，英国政府不顾当时约翰·斯图尔特·穆勒等批评者的建议，通过了《合股公司法案》（Joint Stock Company Act），取消了对外部审计的强制要求。③ 当时的有限

---

① Coleman 1974, pp. 6 – 16, 19 – 20, 23 – 26.
② 详见 Chang 2000。
③ Amsler et al. 1981.

责任公司要求更大的透明度,以控制控股股东和聘任经理的机会主义行为,可见取消外部审计是一个极大的倒退。

1900年,英国又通过一部《公司法案》,再一次把外部审计定为对英国公司的强制要求,尽管在对审计人的义务规定中暗含了这一要求,但并没有直接要求公司向股东公开年度账目。直到1907年颁布的《公司法案》才把披露公司资产负债表作为强制要求。但是,当时许多公司利用该法案中的一个漏洞,即没有明确规定公布公司资产负债表的时间,年复一年公布同一个资产负债表。直到1928年才有一项法案填补了这个漏洞,该法案要求各公司在年度股东大会之前编发最新的资产负债表,并同时公布资产构成等更多详细信息。[①]

然而,在1948年的《公司法案》出台以前,有关信息披露的法律法规一直很不完善,致使维多利亚后期的市场沦为"柠檬市场"。[②] 克拉夫茨(Crafts)指出,"尽管英国是现代财务报告制度的先驱,又有习惯法的传统,但是建立在广泛股东权利和恶意收购威胁基础上的资本市场还是一个比较新的现象。"[③]

在德国,关于上市公司的法规直到1884年公司法通过后才得到执行。挪威于1910年才立法强制公司每年两次报告预算和盈利情况,以便股东和国家能更多地了解公司情况。美国在1933年《联邦证券法案》(Federal Securities Act)通过以后,才强制要求公司向投资者完全公开与上市有关的公司信息。西班牙于1988年才把独立审计人审查公司账务列为强制要求。[④]

---

① Edwards 1981.
② Kennedy 1987 引自 Crafts 2000。柠檬市场指信息不对称的市场。——译者注
③ Crafts 2000, p. 5.
④ Tilly 1994(德国);挪威政府网站: http://www.lovdata.no(挪威); Atack and Passell 1994; Garraty and Carnes 2000, p. 750; Newton and Donaghy 1997, p. 251(西班牙)。

(四) 竞争法

不同于通行文献资料的臆断,公司治理绝不仅是某个公司的内部问题。拥有巨大市场潜力的大公司的各种行为会对整个经济产生重要影响(如大公司破产可能引发金融恐慌),甚至会破坏市场经济自身的根基(如利用垄断地位危害社会)。因此,公司治理就成为全社会的问题,而不只是公司股东们的事情。

从这个意义上说,公司治理不仅涉及公司层面的法律,如对董事及股东义务的规定,也涉及其他许多规定,如行规、外贸和投资方面的规定,以及有关商业惯例的非正式标准要求,如关于分包商的待遇等。

在本节中,我们会回顾"社会性"公司治理中最易辨识的制度,即回顾竞争法[反垄断法和(或)反托拉斯法]在若干当今发达国家中的演化进程。需要强调的是,目前主流观点认为,当今发展中国家都需要美国式的反托拉斯政策,[①] 但是,笔者的观点与之不同。

早在1810年,法国通过了《刑法典》(*Penal Code*),其中第419条规定,禁止卖者结成同盟。这类同盟组织曾造成价格高于或低于"自然和自由的竞争中"形成的价格。不过,这一条款并没有得以广泛执行,到1888年甚至被弃置不用了。自19世纪90年代起,法国的法院又开始承认"防御性"联合组织(卡特尔),并支持这些组织的协议。直到1986年,法国才废止第419条法规,并通过了一个更"现代"、更全面的反托拉斯法。[②]

美国是"现代"竞争法的先驱。1890年,美国通过了《谢尔曼反托拉斯法案》(*Sherman Antitrust Act*)。5年以后,这部法案的效力因最高法院对糖业托拉斯案臭名昭著的判决而被大大削弱了。此后,该法

---

① 对主流观点的批判,详见 Singh and Dhumale 1999。
② Cornish 1979; Gerber 1998, p. 36。

案主要被用来针对工会而不是大公司。直到 1902 年，西奥多·罗斯福总统利用这一法案对付北方证券公司（J. P. 摩根的铁路控股公司），这一状况才有所改变。1905 年，罗斯福还设立公司局来调查公司的不法行为。1914 年通过的《克莱顿反托拉斯法案》（Clayton Antitrust Act）将公司局升级为联邦贸易委员会，还禁止对工会动用反托拉斯法。①

19 世纪，英国政府既不支持也不反对托拉斯以及其他反竞争规定。然而，直到第一次世界大战，英国法院都倾向于维护限制性贸易协定的有效性。为了应对战后的物资匮乏问题，英国第一个反垄断措施是昙花一现的《投机法案》（Profiteering Act；1919 年通过，1921 年废止）。在 20 世纪 30 年代的经济大萧条中，英国政府又转向支持配给制和卡特尔。直到 1948 年，英国制定了《垄断与限制性行为法案》（Monopolices and Restrictive Practice Act），才开始尝试反垄断或反托拉斯法。不过，这一法案基本上没有效力。英国第一部真正的反托拉斯法是 1956 年的《限制性行为法案》（Restrictive Practice Act）。该法首次断定，限制性行为都是有悖于公众利益的，除非工业家能提出反证。1956 年的这一法案有效地遏制了卡特尔，但没能成功地杜绝通过合并实现垄断的行为。②

第二章中已经提到，德国政府一开始大力支持卡特尔，并在卡特尔形成的初期（19 世纪末 20 世纪初）主动强化它们的协议。1897 年，德国法院宣布卡特尔为合法。第一次世界大战后，卡特尔大量涌现，成为政府规划经济活动的方式。1923 年，德国颁布《卡特尔法》（Cartel Law），规定法院拥有取缔卡特尔的权力，这是欧洲第一部成型的竞争法。不过，该法未能真正奏效，因为它对卡特尔的定

---

① Brogan 1985, pp. 458, 464; Garraty and Carnes 2000, pp. 518, 613 – 614, 622.
② Cornish 1979; Mercer 1995, pp. 44 – 46, 49 – 50, 99 – 105, 125 – 126; Hannah 1979.

义十分狭隘,而且有权控制卡特尔的机构(经济事务部和卡特尔法院)几乎从不行使取缔卡特尔的权力。1930年,卡特尔法院被撤销,一系列紧急法案授权国家在必要时解散任何卡特尔。1933年,德国联邦经济事务部取得了取缔卡特尔或强制建立卡特尔的权力。①

1926年,挪威出台了第一部《信托法》(Trust Law)。不过,负责执行这部法律的信托委员会的工作方针是监督垄断行为,而不是严密防范此类行为。后来,该法于1953年被《价格法》和《竞争法》所取代。虽然这两部法律有了更严格的规定(如公司的合并和并购行为必须上报等),但挪威反托拉斯法的主要目标仍在于宣传和控制,而非禁止。1955年,丹麦通过了竞争法《垄断与限制性行为法案》,而这一法律同样旨在宣传和控制。②

五 金融制度

(一) 银行和银行监管

近20多年来,随着世界银行危机,特别是发展中国家银行危机显著增多,建立一个良好的银行监管体系已经成为国际发展政策机构在寻求制度发展中所关注的重要议题。然而,当今发达国家很晚才提出要建立银行监管体系,这是因为银行业本身的发展是一个缓慢而不平衡的过程,可能只有英国是个例外。

---

① Bruck 1962, pp. 93, 96; 196 – 197, 222; Hannah 1979; Gerber 1998, pp. 115, 129 – 131, 134, 147. 众所周知,第二次世界大战后,美国占领当局强迫德国、日本两国通过了严格的美式竞争法。不过,德国修订了竞争法,特别是1953年对其进行的修订使联合协议在德国变得颇为容易,特别是小公司之间以"合理化""专业化"(通过谈判确定细分市场)、联合出口和结构调整为目的进行联合(详见 Shin 1994, pp. 343 – 355)。

② Hodne 1981, pp. 514 – 515 (挪威); Dahl 1982, p. 298 (丹麦)。

当今发达国家的银行体系建立得相当缓慢。① 20 世纪中叶以前英国一直拥有世界最先进的银行体系。但直到 20 世纪 20 年代，随着城乡储蓄利率的统一，英国才完全实现金融一体化。法国银行体系发展迟缓。直到 19 世纪中叶，法国才广泛使用纸币（英国早在 18 世纪就已经广泛使用了），甚至到 1863 年，仍有 3/4 的法国人享受不到银行服务。直到 18 世纪，普鲁士还只有屈指可数的几家银行，1848 年才成立第一家合股银行。在瑞典，银行直到 19 世纪后期才出现。1870 年，瑞典银行业大为发展，而此前，生产商和出口商的信贷都是由商人交易所提供的。到 19 世纪 90 年代，瑞典银行业才得以完全建立。19 世纪 60～70 年代，葡萄牙银行业在允许建立合股银行之后才有了较大的发展。②

在当今发达国家，银行在 20 世纪早期以后才成为专业的信贷机构。此前，私人关系极大地影响了银行的信贷决定。例如在 19 世纪，美国的银行把大部分钱贷给本银行的董事、他们的亲属或熟人。③ 18 世纪苏格兰的银行和 19 世纪英格兰的银行基本上是需要贷款的商人们的自助协会，而不是现代意义上的银行。④

政府对银行业的监管极为不善。美国允许"野猫式银行"存在，这"原则上与欺骗行为大同小异"。⑤ 1836～1865 年，野猫式银行问题尤为突出，也正是在这 30 年里，持续时间极短的半中央银行——美国第二银行走向衰亡。据估量，当时不受监管的银行破产造成的总损

---

① 下面提供的情况出自 Kindleberger 1984，另有说明的除外。
② 普鲁士的情况详见 Tilly 1994；瑞典的情况详见 Chang and Kozul-Wright 1994, p. 872；葡萄牙的情况详见 Mata and Valerio 1994, pp. 147 - 148。
③ Lamoureaux 1994. 不过，拉穆鲁（Lamoureaux）指出，由于当时美国银行业竞争程度很高，而债务水平较低，因此这一做法在当时是有益的。
④ Munn 1981；Cottrell 1980.
⑤ Atack and Passell 1994, p. 103.

失并不大，但银行倒闭现象比比皆是。① 到 1929 年，美国的银行体系依然是由"成千上万家管理不专业、基本不受监管的小银行和中介所"构成。即便是在约翰·卡尔文·柯立芝（John Calvin Coolidge）总统执政的繁荣时期（1923~1929 年），每年仍有 600 家银行倒闭。②

19 世纪后期（1889~1892 年），意大利一场惊人的银行丑闻浮出水面。意大利六大发钞银行之一的罗马银行（Banca Romana）的破产揭露出了一张腐败网（银行大量贷款投向了政界要人及其亲属，其中包括两名前总理），也暴露了意大利核心银行业中亦存在会计制度不合理、纸币发行"失常"（如印制假钞）等问题。③

1934 年，德国通过了《信用控制法案》（Credit Control Act），开始对银行进行直接监管。比利时的银行监管是在 1935 年随银行委员会成立而开始的。④

（二）中央银行

今天，中央银行通过垄断纸币发行、干预金融市场、充当最后贷款人，成为稳定资本主义经济的基石。围绕中央银行政治独立性的程度及其恰当的目的、目标和手段的争论一直非常激烈。⑤ 不管争论有多么激烈，几乎没有人质疑设立中央银行的必要性。但在资本主义早期，情况并非如此。

早在 18 世纪，英格兰银行、纽约的一些大银行等占主导地位的银行在金融危机时期被迫充当最后贷款人的角色。从短期来看，这些银行应对系统性金融恐慌的能力得到了增强；从长远来看，它们有助于

---

① Atack and Passell 1994, p. 104.
② Brogan 1985, p. 523.
③ Clark 1996, pp. 97-99.
④ Tilly 1994（德国）；Van der Wee 1987, p. 56（比利时）。
⑤ Grabel 2000, 该书清晰地回顾了这场辩论。Helleiner 2001, 该书生动地回顾了这场在发展中国家进行的辩论。

实现金融市场的稳定。因此,建立成熟的中央银行就格外有必要了。

然而,当时许多人认为,在金融动荡时期(或者我们现在所称的"道德风险期"),设立中央银行会为不谨慎的借款人纾困,从而鼓励过度冒险。[①] 赫伯特·斯潘塞(Herbert Spencer)把这部分人的情绪讽刺为,"保护人类免受愚蠢行为的影响的最终结果就是把全世界的人都变成傻子"[②]。正因为如此,中央银行在当代发达国家的发展相当缓慢而且时有停顿。[③]

成立于1688年的瑞典中央银行(The Swedish Piksbank),名义上是世界上第一个官方中央银行。不过,该银行在19世纪中叶之前并不能真正行使中央银行的职能,原因之一是它并没有发钞垄断权。1904年,瑞典中央银行才取得发钞垄断权。[④]

1694年,英格兰银行成立,并从18世纪起一直充当最后贷款人的角色(也有人认为到19世纪上半期它才真正充当最后贷款人的角色)。但直到1844年,英格兰银行才完全成为中央银行。法国中央银行——法兰西银行(Banque de France)成立于1800年,1848年取得发钞垄断权。但在1936年以前,法兰西银行基本上是由银行家掌控,而不是由政府控制。荷兰中央银行——尼德兰银行(Nederlandsche Bank)是由国王威廉一世于1814年仿照英格兰银行建立的。不过,直到19世纪30年代,这家银行才勉强使其发行

---

① 这正是弗里德里希·奥古斯特·冯·哈耶克(Friedrich August von Hayek)所持的观点。他提出应取消中央银行,提倡发钞银行之间自由竞争。
② 转引自Kindleberger 1996, p.146。最初来源于H. Spencer, "State Tampering with Money and Banks" in *Essays: Scientific, Political and Speculative* (London: Williams & Northgate, 1891), vol. 3, p. 354.
③ 详见Kindleberger 1984; Cameron 1993。
④ Kindleberger 1984, p. 50; Larsson 1993, pp. 47-48; 瑞典中央银行网站:http://www.risksbank.se。

的纸币广泛流通开来。19世纪60年代以前,尼德兰银行只不过是阿姆斯特丹的一家"地方"银行而已。①

1829年,西班牙银行成立,1874年取得发钞垄断权。但在1962年以前,西班牙银行一直都是私有银行。1847年,葡萄牙银行成立,当时该银行的发钞垄断仅限于里斯本地区。1887年,该银行在法律上取得了完全的发钞垄断权,但由于遭受到了其他发钞银行的阻挠,葡萄牙银行在1891年才真正实现了发钞垄断。葡萄牙银行至今仍是完全私有的,也不能干预金融市场。②

比利时中央银行——比利时国家银行(Banque National de Belgique)成立于1851年。尽管成立时间较晚,但它是第一个从成立之时就被授予了发钞垄断权的真正的中央银行。③ 本节涉及的11个国家中,只有英国(1844年)和法国(1848年)的中央银行取得发钞垄断权的时间早于比利时的中央银行。德国中央银行成立于1871年,在1905年取得发钞垄断权。意大利中央银行成立于1893年,在1926年取得发钞垄断权。瑞士中央银行成立于1907年,是通过合并4家发钞银行而组建的。

在美国,中央银行的发展更慢。在早期,美国连建立受限的央行体制也屡遭失败。美国第一家银行(80%为私有)成立于1791年,得到了当时的财政部长亚历山大·汉密尔顿的大力支持,但遭到了当时的国务卿托马斯·杰斐逊(Thomas Jefferson)的强烈反对。1811年,该银行没有获得国会的续签特许证。20年后,美国

---

① 有关英格兰银行的情况详见 Kindleberger 1984, pp. 90 – 92, 277 – 280;有关法兰西银行的情况详见 Plessis 1994;有关尼德兰银行的情况详见 T. Hart et al. 1997, p. 4; Jonker 1997, p. 95。
② Pérez 1997, p. 67(西班牙);Mata and Valerio 1994, pp. 139 – 148(葡萄牙)。
③ Dechesne 1932, p. 402.

第二银行（成立于1816年）也遭遇了同样的命运。1863年，美国通过了《国家银行法案》（National Banking Act），确立了单一货币制度，但中央银行仍未建立。①

如前所述，鉴于这种情况，纽约的大银行被迫承担了最后贷款人的职责，以确保金融体系稳定。不过，这种做法有明显的局限性。1907年骇人听闻的金融恐慌催生了1913年《欧文－格拉斯法案》（Owen-Glass Act），美国的联邦储蓄系统由此诞生。然而，直到1915年，只有30%的银行（占银行总资产的50%）进入了该体系，到1929年，尽管体系外银行只占银行业总资产的20%，但仍有65%的银行不在体系之内。这意味着，在1929年，《欧文－格拉斯法案》"依然约束不到约1.6万家小银行，几乎每年都有几百家这样的银行倒闭"②。另外，直到大萧条时期，联邦储备委员会事实上一直处在华尔街的控制之下。③

在表3－3中，我们对前文所述的当今发达国家的中央银行体制的发展做了一个小结。第二栏列出了各国中央银行成立的年份，第三栏是这些银行取得发钞垄断权和其他法律上的许可而成为中央银行的年份。从表中可见，到19世纪40年代后期，表中所列的11个当今发达国家大多有了名义上的中央银行，而直到20世纪初，这些银行在大多数国家才成为真正的中央银行。直到1891年，

---

① Garraty and Carnes 2000, pp. 154 – 155, 423; Atack and Passell 1994; Brogan 1985, pp. 266, 277.
② Cochran and Miller 1942, p. 295.
③ Brogan 1985, p. 477. 查尔斯·E. 米切尔（Charles E. Mitchell）的所作所为是这一观点的典型例证。米切尔既是花旗银行负责人，又是纽约联邦储备银行的董事，他为了尽可能减少自己在大萧条之前投机活动中的损失，成功地迫使联邦储备委员会改变了1929年初宣布实行的货币紧缩政策（详见 Brogan 1985, pp. 525 – 526）。

随着葡萄牙银行取得发钞垄断权，表中所列的 11 个中央银行中的大部分银行才取得了发钞垄断权。

表 3-3 当今发达国家中央银行制度的发展

国家	成立年份	取得发钞垄断权的年份
瑞典	1688	1904
英国	1694	1844
法国	1800	1848①
荷兰	1814	19 世纪 60 年代后
西班牙	1829	1874
葡萄牙	1847	1891②
比利时	1851	1851
德国	1871	1905
意大利	1893	1926
瑞士	1907	1907
美国	1913	1929 年后③

说明：①1936 年以前掌控在银行家自己手里。
②1887 年葡萄牙在法律上取得了发钞垄断权，由于遭到其他发钞银行的阻挠，直到 1891 年才实现事实上的发钞垄断。时至今日，葡萄牙银行仍是完全私有的，也不能干预金融市场。
③到 1929 年，仍有 65% 的银行不受美国联邦储蓄系统约束，这些银行占到美国银行业总资产的 20%。

（三）证券监管

在当前美国引领的金融全球化阶段，股票市场已成为资本主义的象征。在共产主义阵营被推翻之后，许多转型国家在尚未建立其他更基本的资本主义制度之前，就匆匆建立了股票交易所，并派年轻有为者出国接受股票经纪人培训。同样，许多发展中国家的政府下大力气建立并发展股票市场，并将股票大门向外国投资者敞开。它们相信这样做会给它们带来其他手段无法得到的大量的金融资源。①

---

① Singh 1997，该书有力地批判了这种观点。

当然，也有许多人指出，只有当股票市场发挥次要作用时，资本主义才能运行得最好。这些人中最有名的是20世纪30年代的约翰·梅纳德·凯恩斯（John Maynard Keynes）。事实上，20世纪80年代以来，英美两国实行的以股市为先导的金融体系与日本及欧洲大陆国家实行的以银行为先导的金融体系孰优孰劣之争一直非常激烈。① 不过，正统观点认为，运行良好的股票市场是经济发展所必需的关键体制。得益于近年来美国出现的股市引领的经济繁荣，这一主流观点得以强化。然而，因为美国经济发展急速放缓，所以这一繁荣现象在迅速消退。

无论人们如何重视股票市场和其他证券市场，建立对股票市场和其他证券市场进行有效监管的制度都是一项毋庸置疑的重要任务。最近，股票市场成了发展中国家金融不稳定的又一源头，特别是在其股票市场向外来资本开放的情况下。有鉴于此，建立相关制度对股市进行良好监管成为一项紧要任务。那么，当今发达国家过去是如何发展这些制度的呢？

由于英国证券市场（建立于1692年）的发展起步早，因此证券监管也出现得早。第一项监管举措是在1697年出台的，通过核发执照，英国限制了股票经纪人的数量，并提高了他们的佣金。1734年，英国议会通过《巴纳德法案》（Barnard's Act）。该法案力图限制证券市场中的投机行为。为此，它禁止期权交易，严禁双方以支付价格差额的形式终止合同，并规定只有确实持有股票，买卖股票的合同才能得到法院的支持。遗憾的是，这部法案一直没有起作用，最终在1860年被废止。②

---

① Zysman 1983；Cox 1986；Hutton 1995；Dore 2000. 这些书对这场辩论进行了最新的缜密论述。
② Banner 1998, pp. 39 – 40, 101 – 105, 109 – 110.

此后，1939 年，英国通过了《防止欺诈（投资）法案》[*Prevention of Fraud（Investments）Act*]。在此之前，除了禁止卖空银行股票却从未见效的 1867 年《银行业（股票）法案》[*Banking Companies（Shares）Act*]之外，再无别的证券监管举措了。《防止欺诈（投资）法案》规定由贸易委员会给从事证券交易的个人和公司核发执照，若在执照申请中或在交易中提供虚假信息或不足信息，贸易委员会有权吊销或拒绝续签执照。该法案的效力随着时间的推移而不断得到加强，1944 年贸易委员会获得对交易者在销售时应提供的信息量做出规定的权力，1958 年又取得了指派监察员去调查单位信托管理状况的权力。①

直到 1896 年，英国通过《金融服务法案》（*Financial Services Act*，1988 年 4 月 29 日起生效）才建立了一个全面的证券监管体系。该法规定：股票交易所应正式地列出各项投资，公司上市前应公布投资详情；对提供虚假信息或误导信息的人应追究刑事责任；任何人非经授权不得从事投资交易。②

美国有组织的证券市场的历史可以追溯到 18 世纪 70 年代。早期的监管措施主要针对内幕交易。例如 1789 年，美国国会通过了一项法案禁止财政部官员在证券上的投机行为，在这方面的立法美国要早于英国。虽然联邦政府不时宣称要进行证券监管，但在整个 19 世纪，证券监管一直都是由各州自己负责的。不过，并非所有的州都有监管证券交易的相关法律（宾夕法尼亚州就是最好的例子，尽管该州在经济上是最重要的州之一）。另外，就算有相关法律，其理论也相当薄弱，执行起来就更不力了。③

---

① Pennington 1990, pp. 31, 38 – 42.
② Pennington 1990, pp. 54 – 55.
③ Banner 1998, pp. 161 – 163, 170 – 171, 174 – 175, 281.

19世纪中叶，证券交易中的欺诈行为，特别是公布虚假信息的行为，被认定为财产欺诈，但直到1933年，美国通过了《联邦证券法案》(Federal Securities Act)，充分的信息披露才被列为强制要求。20世纪初期，美国有20个州制定了"蓝天法"，要求投资银行家在出售证券之前先向国家相关部门登记，并对公布虚假信息的行为处以刑罚。但"蓝天法"效果不大，而且漏洞太多。1933年的《联邦证券法案》是美国第一部有效的联邦证券监管法。该法案授权联邦贸易委员会监管证券交易。1934年，监管权又转移给了新成立的证券交易委员会。①

（四）公共财政制度

至少从20世纪70年代以来，挥之不去的财政危机一直是许多发展中国家在发展中的巨大障碍。国际发展政策机构认为，这些国家的财政问题从本质上是源于铺张浪费。但在大多数情况下有一个更深层的原因，即征税不力。② 因为发展中国家的预算支出要比更能花钱、更能征税的发达国家小得多，这就证明了上面的结论。

征税能力在更深层次上既要求政府自身具备合法性，又要求特定税收具备合法性。玛格丽特·撒切尔（Margaret Thatcher）在英国征收社区费（"人头税"）以失败告终。究其原因，就是大多数英国纳税人认为这种税"不公平"（因而不合法），并不是他们认为税率太高，或者撒切尔夫人执政的政府不合法。

但是，仅确保政府和特定税种的政治合法性还不足以增强征税能力，还必须建立必不可少的制度，诸如推出新税种、推行便于征税的

---

① Geisst 1997, pp. 169, 228; Atack and Passell 1994; Garraty and Carnes 2000, p. 750.
② di John and Putzel 2000; Toye 2000. 这两本书均对发展中国家的财政问题进行了很有启发性的最新分析。

行政机制等。那么,当今发达国家过去是如何实现这一进程的呢?

当今发达国家在早期发展中也曾苦于财政能力有限。当时它们面临的形势可能比大多数当今发展中国家的形势还要严峻。它们当时的征税能力极其有限,不得不广泛推行包税制。在17、18世纪,包税制一直被视为增加政府财政收入的一种非常划算的办法。当时很多人认为,实行包税制情有可原,因为这样可以节省行政开支、稳定财政收入、减少征税腐败。考虑到当时这些国家的公共财政制度还相当不完善,这种说法是有一定道理的。[①]

总的来说,在17、18世纪的大部分时间里,许多当今发达国家的政府财政,特别是地方政府财政,仍非常糟糕。举一个典型的例子:1842年,美国的一些州政府拖欠英国贷款。后来,英国金融家纷纷向美国联邦政府施压,要求那些州政府偿还债务(这不禁让人想起1999年巴西米纳斯吉拉斯州无力偿还联邦政府债务这一事件)。在施压未奏效的情况下,《泰晤士报》(*The Times*)刊登文章讽刺试图在年底再度举债的美国政府,"美国人也许完全相信,有这样一种证券,无须很多钱,就可以产生巨大收益,这种证券最突出的代表就是他们自己的证券"[②]。

当时,有两大因素导致公共财政问题愈发严重:一是战乱频繁,战争需要大量额外的公共融资;二是直接税收,特别是所得税征收不力。[③] 所得税[有些国家早已有了财产税和(或)财富税]的缺失在一定程度上反映了贫穷阶层在政治上代表名额不足,也反映了政府文官行政能力不足。正是因为公职人员的行政能力不足,

---

① Kindleberger 1984, pp. 161 – 162(英国), pp. 168 – 170(法国);T. Hart 1997, p. 29;Kindleberger 1996, p. 100(荷兰)。

② Cochran and Miller 1942, p. 48.

③ di John and Putzel 2000.

关税（最容易征收的一种税）才成为当今发达国家早期和当今许多最贫穷的发展中国家一个举足轻重的收入来源。

所得税最初仅仅是战时融资的一个应急税种。1799年，英国推出了分等级的所得税为英法战争筹集资金。1816年战争结束之后，这项所得税也随之被废止了。丹麦在1789年革命战争和1809年拿破仑战争中曾利用所得税进行战时紧急融资。美国在内战期间也征收临时所得税。该税种在1872年内战结束后不久便被废止了。①

1842年，英国率先将所得税常态化。然而，人们普遍强烈反对该税种，认为这是一个不平等且带有侵犯性的措施。约翰·麦克库勒奇是当时最有影响力的经济学家之一。他认为所得税的征收"要求不断地干预和调查个人私事，姑且不论它的不平等性，也会让人感到极为不快"②。到了1874年，废除所得税仍是当时的政治家威廉·格莱斯顿（William Gladstone）竞选纲领中的一个亮点，尽管他在这次竞选中失败了。③

1903年，丹麦推出了一种常态化的累进制所得税。在美国，1894年制定的所得税法因被最高法院视为"违宪"而推翻，随后的一个法案又在1898年被否决了。1913年，美国通过了宪法第16条修正案，联邦所得税才得到认可。不过，当时对3000美元以上的收入征收的所得税税率仅为1%，而50万美元以上的部分税率为7%。比利时的所得税是在1919年出台的。而在葡萄牙，所得税于1922年推出，在1928年废止，又在1933年再度实行。瑞典虽然后来以所得

---

① Bonney 1995, pp. 443 – 445; Deane 1979, pp. 228 – 229（英国）; Mørch 1982, pp. 160 – 161（丹麦）; Garraty and Carnes 2000, pp. 408, 468; Carson 1991, p. 540（美国）。

② Bonney 1995, p. 434.

③ Hobsbawm 1999, p. 213.

税税率高而闻名,但所得税出台得很晚,是在 1932 年。西班牙财政部长卡尔沃·索特罗(Calvo Sotelo)试图在 1926 年首次引入所得税,但因遭遇"由银行业贵族领导"的反对运动,最终未果。①

六 社会福利和劳动制度

(一)社会福利制度

自由化和监管的放松导致了大规模经济混乱,加上频频爆发的经济危机使很多人饱尝苦果,如何保障本国人民的生计越来越成为发展中国家关切的重要问题。国际货币基金组织和世界银行虽然此前一直反对发展中国家建立社会福利制度,认为还"为时过早"(特别是由于这两个机构都对财政赤字非常敏感),但如今它们也开始论证构建"安全网"的必要性。虽然要求标准不高,发展中国家在建立一些最基本的社会福利制度的过程中,仍然面临很大压力。不过这部分压力要比"善政"日程表上的其他项目的压力小得多。

然而,社会福利制度并不仅仅是"安全网"。如果社会福利制度设计、执行得当,还能起到提高效率、促进生产力发展的作用。② 有成本效益的公费医疗和教育可以改善劳动力质量,进而提高效率,加快生产力发展。社会福利制度还可以缓解社会紧张关系,增加政治制度的合法性,从而为长期投资提供更稳定的环境。不时地通过失业救济等手段理顺消费,甚至可以抑制商业周期,好处不一而足。

需要把社会福利制度所有潜在的益处与潜在的弊病相权衡。首先,社会福利制度可能会腐蚀职业道德和领取救济金的人们的自我

---

① Mørch 1982, pp. 160 – 161(丹麦);Baack and Ray 1985;Carson 1991, p. 540(美国);Baudhuin 1946, pp. 113 – 116(比利时);Mata and Valerio 1994, pp. 186 – 192(葡萄牙);Larsson 1993, pp. 79 – 80(瑞典);Carr 1980, p. 101(西班牙)。
② Chang and Rowthorn 1995;Rodrik 1999. 这两本书有类似的观点。

价值感。其次，显而易见，社会福利制度的有效性和合法性在很大程度上取决于一些技术性问题，包括评估所得的福利与所交的基金水平是否相当，福利体系的管理是否公平有效，体系是否具备有效的防舞弊机制。最后，在社会福利制度的政治合法性尚未稳固的情况下，通过增加税收为其筹集资金，可能会导致富人们"投资罢工"，甚至出现暴力颠覆活动，比如萨尔瓦多·阿连德（Salvador Allende）总统统治下的智利就曾出现过这种情况。

不管某个特定的社会福利制度的利弊究竟如何，所有当今发达国家随着时间的推移都建立起了一套通行的社会福利制度（美国长期以来没有全面的医疗福利，这属于例外情况）。这说明，世界各国都有某些必须得到满足的共同需求。不过，值得注意的是，在大多数国家的发展过程中，社会福利制度的建立都相当晚。

照顾社会弱势群体的福利制度一直是确保社会稳定所不可或缺的制度。在工业化以前，对社会弱势群体的关爱主要来自大家族、地方社区和宗教组织。在当今发达国家中，19世纪随着工业化和城镇化不断发展，上述照顾社会弱势群体的制度不断被削弱，进而加剧了社会紧张关系，导致这些国家长期笼罩在对19世纪革命的恐惧之中。

19世纪70年代以前，当今发达国家的社会福利制度还相当落后，这些制度的核心是英国《济贫法》（*Poor Law*）式的法律。当时的济贫法会给受救济者打上了耻辱的烙印，许多国家会剥夺他们的选举权。例如挪威和瑞典分别于1898年和1918年实现了成年男子普选，但分别到1918年和1921年，两国才允许受救济者投票。[①]

从表3-4中可见，直到19世纪后期，当今发达国家才开始出

---

① Pierson 1998, pp. 106–107.

现社会福利制度。这一时期，随着选举权范围进一步扩大，平民阶层的政治力量得以增强，加上工会的积极活动，都推动了社会福利制度的发展。不过，选举权范围的扩大和社会福利制度发展之间并没有必然联系。在新西兰等国，早期选举权的扩大与社会福利制度发展之间确有关联。虽然在德国等国选举权相对受限，社会福利制度却发展迅速。

表 3 - 4 当今发达国家社会福利制度的起始年份

国 家	工 伤	医 疗	养老金	失 业	国 家	工 伤	医 疗	养老金	失 业
德 国	1871	1883	1889	1927	新西兰	1900	1938	1898	1938
瑞 士	1881	1911	1946	1924	西班牙	1900	1942	1919	不详
奥地利	1887	1888	1927	1920	瑞 典	1901	1891	1913	1934
挪 威	1894	1909	1936	1906	荷 兰	1901	1929	1913	1916
芬 兰	1895	1963	1937	1917	澳大利亚	1902	1945	1909	1945
英 国	1897	1911	1908	1911	比利时	1903	1894	1900	1920
爱尔兰*	1897	1911	1908	1911	加拿大	1930	1971	1927	1940
意大利	1898	1886	1898	1919	美 国	1930	不详	1935	1935
丹 麦	1898	1892	1891	1907	葡萄牙	1962	1984 +	1984 +	1984 +
法 国	1898	1898	1895	1905					

说明：
①表中所列国家按其引入工伤保险的先后顺序排列（自德国 1871 年开始）。在多个国家引入工伤保险的年份相同的情况下，则再根据引入医疗保险的先后排列。
②表中提及的不同国家的社会保险金有些是自愿缴纳并且政府给予了资金支持的，而有些则是具有强制性的。
  *在表中提及的几个年份中，爱尔兰是当时英国的殖民地。
  +从 20 世纪 60 年代起，葡萄牙开始推行社会福利制度，但在 1984 年以前，这些制度一直不成体系，只有一些不太完整的制度。它们是管理某些特定群体的社会福利制度。
资料来源：Pierson 1998，p. 104，表 4 - 1。西班牙的数据来自 Voltes 1979；Mata 1987；Soto 1989。葡萄牙的数据来自 Wiener 1977；Magone 1997。

实际上，德国是社会福利制度领域的先驱，也是最先引入工伤保险（1871 年）、医疗保险（1883 年）和国家养老金（1889 年）

的国家。然而,第一个引入失业保险的国家是法国(1905年)。①德国早期的社会福利制度本质上已经非常"现代"了(比如该制度涉及社会的方方面面),在当时很受法国左翼的青睐。值得注意的是,在古斯塔夫·施穆勒的领导下,德国历史学派(见第一章)的学者们组成了颇具影响力的社会政策联盟(Verein für Sozialpolitik),大力推进了德国的社会福利立法。②

在19世纪最后25年和20世纪最初25年这50年里,当今发达国家的社会福利制度取得了令人瞩目的成就。1875年,表3-4中的所列的19个国家中,除了德国于1871年引入了工伤保险以外,其他18个国家不具备所列四项福利制度中的任何一项。从表3-4可知,到了1925年,16个国家有了工伤保险,11个国家有了医疗保险,12个国家有了养老金,11个国家有了失业保险。

(二) 童工管理制度

自工业化早期以来,童工问题引发了异常激烈的争论。我们很快会了解这一点。不过,最近这场争论在国际上出现了一个新特征,即有人要求发达国家向发展中国家施压,使之消除童工现象。特别有争议的是,有人提议通过世界贸易组织对违反"国际劳务标准",特别是违反童工标准的国家实行贸易制裁,以减少童工。③

人们普遍担心,这类制裁会强迫发展中国家实施它们负担不起的制度,尽管我们很难界定何谓"负担不起"。有人担心,这些措施很可能被滥用,服务于"不公平"的、隐蔽的保护主义。也有

---

① 详见 Pierson 1998, p. 105, 表4-2。
② Blackbourn 1997, pp. 346-347;关于德国历史学派详见 Balabkins 1988。
③ Basu 1999a,该书详细回顾了这场争论。Basu 1999b,这本书是一个更人性化的版本。Engerman 2001,这本书全面梳理了童工问题的历史。

人认为，无论在经济上是否可行，类似童工等问题绝不能适用于国际制裁。一些评论家指出，期待当今发展中国家短期内消除童工现象是不合情理的，因为当今发达国家曾为此花费了几个世纪的时间。

在工业化早期，童工现象在当今发达国家相当普遍。据报道，19世纪20年代，英国童工每天工作12.5～16个小时。1840～1846年，14岁以下的童工约占德国工厂劳动力的20%。在瑞典，直到1837年，五六岁的儿童仍可以被雇用。①

19世纪早期，美国童工现象非常普遍。19世纪20年代，棉纺织业中约有一半工人年龄在16岁以下。当时以整个家庭为单位的雇佣方式十分常见。例如1813年，一家棉布厂在纽约州的州级报纸《尤蒂卡爱国者》（*Utica Patriot*）刊登了招聘广告，称："本棉布厂特聘若干朴实勤劳的家庭，每家至少有5名8岁以上的孩子。"② 到了1900年，全职工作的16岁以下的美国童工有170万人，比美国劳工联盟（AFL，美国当时最主要的工会组织）的会员总数还要多。③

在英国，旨在管理童工的最初几次尝试都遭到了顽强抵制。1819年《棉布厂管理法》（*Cotton Factories Regulation Act*）禁止雇用9岁以下儿童，并限制童工每天的工作时长。在围绕这一法案展开的争议中，一些上议院议员认为，"劳动应该是自由的"，而另一些人坚持认为，儿童并不是"自由劳动者"。英国的早期法律（1802年、1819年、1825年、1831年）大多没能奏效，一部分原

---

① Hammond and Hammond 1995, p.169（英国）；Lee 1978, p.466（德国）；Montgomery 1939, pp.219-222（瑞典）。
② Garraty and Carnes 2000, p.227, n.1.
③ Garraty and Carnes 2000, pp.229, 600.

因是为这些法律执行提供拨款的表决没有获得议会通过。例如到1825年，仅有两个案例适用了1819年颁布的法律。①

1833年，英国通过了《工厂法案》（Factory Act），这是英国在童工管理上的第一次认真尝试，但该法案只涵盖了棉织、毛纺织、麻纤维和丝织业。② 该法案禁止雇用9岁以下儿童，把9~13岁儿童每天的工作时间限制在8小时，把13~18岁"年轻人"每天的工作时间限制在12小时并且不准童工在夜间（晚8：30~凌晨5：30）劳动。1844年另一部《工厂法案》把13岁以下童工每天的工作时间缩短至6.5个小时（特殊情况下可延至7个小时），并规定必须为童工留有就餐时间。但是，该法案把雇工的年龄下限由9岁降至8岁，这在一定程度上抵消了在减少每天工作时长方面取得的进步。1847年颁布的《工厂法案》（又称《10小时法案》）将13~18岁童工每天的工作时间缩短至10个小时。

自1853年起，一系列其他行业也被纳入这些法案之中，而且所有法案同时有效，尤以1867年颁布的法案作用最为突出。不过，煤矿业雇用的童工的每天工作时长直到1872年才被纳入《工厂法案》的规定。然而，1878年，英国通过了《工厂与车间法案（Factory and Workshop Act)》仍允许10岁以上的童工一周劳动长达30个小时以上。在纺织业之外的其他行业中，规定还更宽松些。③

在德国，普鲁士于1839年引入了第一部童工法。该法禁止工厂和矿场"日常"雇用9岁以下儿童及16岁以下未受教育的儿童。1853~1854年，工厂检查制度确立，法定雇工年龄下限提高

---

① Blaug 1958；Marx 1976, p. 390；Hammond and Hammond 1995, pp. 153-154.
② 下面提供的情况出自 Marx 1976, pp. 390-395，另有说明的除外。
③ Hobsbawm 1999, pp. 103, 634-636, n. 47.

到 12 岁。童工法在某种程度上得到了执行。但直到 1878 年该法强化了工厂检查制度以后，雇用 12 岁以下童工才成为非法行为。在萨克森，1861 年禁止雇用 10 岁以下童工。4 年后，法定雇工年龄下限提高到 12 岁。法国在 1841 年颁布了童工管理规定。1842 年，奥地利将工厂雇工年龄下限从 9 岁（1787 年制定的标准）提高至 12 岁。①

1846 年，瑞典通过法律严禁雇用 12 岁以下儿童，又在 1881 年通过另一部法律将童工每天的工作时长限定为 6 小时。1900 年，在瑞典成立特别监督机构来执行这些法律之前，违反童工法律的现象曾一度泛滥。同年，13~18 岁童工每天的工作时长上限被缩短至 10 个小时。②

1873 年，丹麦颁布了第一部童工管理法，禁止工业领域雇用 10 岁以下儿童，并规定了 10~14 岁童工和 14~18 岁童工每天的工作时长上限分别为 6.5 个小时和 12 个小时。1925 年通过了一部新的法律，禁止雇用 14 岁以下未依法完成学校教育的儿童，但这部法律不适用于农业、林业、渔业和航海业。这部法律的通过比较顺利，因为当时农业利益集团主导丹麦议会。只要不影响农业，就不会有反对意见。③

1892 年，挪威颁布了第一部童工管理法，④ 禁止工业部门雇用 12 岁以下儿童，严格监管 12~14 岁童工劳动，并将 14~18 岁童工每天的工作时长限定在 10 个小时，还禁止 18 岁以下童工夜间工作（但 24 小时运转的工厂除外）。

---

① Lee 1978, p. 467; Engerman 2001.
② Hadenius et al. 1996, p. 250; Montgomery 1939, pp. 225 – 256.
③ Mørch 1982, pp. 364 – 367.
④ Nerbørvik 1986, p. 210; Engerman 2001, 见附录 1。

1873年，西班牙政府通过了一部法律，禁止雇用10岁以下儿童。不过，这部法律并未奏效。1900年，西班牙通过了一部新法，要求在工业部门里10~14岁童工每天的工作时长为6个小时，而在商业部门，10~14岁童工每天的工作时长为8个小时。荷兰和瑞士分别于1874年和1877年颁布第一部童工管理法。[1]

1878年，比利时颁布了一部有关煤矿雇用童工的法律，这是比利时进行童工管理的第一次尝试。1909年，比利时的法律禁止雇用12岁以下儿童，并且规定12岁以上童工每天工作时长为12个小时，每周工作6天。1914年，相关法律把童工年龄的下限提高至14岁。在意大利，禁止雇用12岁以下童工的法律直到1902年才出台，而葡萄牙对儿童（和妇女）工作时长的规定在1913年才出台。[2]

在美国，部分州早在19世纪40年代就已颁布了童工管理法，如马萨诸塞州和新罕布什尔州分别于1842年和1846年颁布了复工管理法，而缅因州和宾夕法尼亚州于1848年颁布了童工管理法。[3] 到第一次世界大战时，几乎所有州都颁布了法律，禁止雇用低龄儿童，限制年龄稍大些童工的工作时长。这一时期，美国国家童工委员会采取的积极行动至关重要。遗憾的是，这些法律并没有被有效执行。1916年，美国国会通过了一部联邦童工法，但在两年后最高法院宣布该法违宪。1919年，另一部相关法律也遭遇了同样的命运。直到1938年，严禁雇用童工的联邦法律《公平

---

[1] Soto 1989, pp. 702-704（西班牙）；Engerman 2001, 表1（荷兰和瑞士）。
[2] Dechesne 1932, pp. 494-495；Blanpain 1996, pp. 180-182（比利时）；Clark 1996, p. 137（意大利）；Serrao 1979, p. 413（葡萄牙）。
[3] Engerman 2001, 表5。

劳动标准法案》(Fair Labor Standard Act) 才得以出台。①

表 3-5 简要概述了前文所述的当今发达国家童工法在 19 世纪和 20 世纪初的发展情况。尽管表中的信息不完整、不全面，部分时间也不精准，我们仍可以清晰地看出，在 19 世纪 70 年代中期以前，表中所列的 15 国家中的大多数国家连形式上的童工法都没有。直到 20 世纪早期，多数当今发达国家才有了"比较严肃"的童工法。

表 3-5　当今发达国家童工法的颁布年份

国家	最初尝试管理童工的法规（大多无效）	第一部"比较严肃"的相关法律	相对全面并得到有效执行的法律
奥地利	1787	1842？	？
英国	1802	1833	1878
普鲁士	1839	1853~1854	1878
法国	1841	？	？
美国	1842*	1904~1914	1938
瑞典	1846	1881	1900
萨克森	1861	？	？
丹麦	1873	1925	？
西班牙	1873	1900	？
荷兰	1874	？	？
瑞士	1877	？	？
比利时	1878	1909	1914？
挪威	1892	？	？
意大利	1902	？	？
葡萄牙	1913	？	？

说明：*为马萨诸塞州颁布童工法规的年份。

---

① Garraty and Carnes 2000, pp. 607, 764. 在与斯坦利·恩格尔曼的私人书信中，笔者注意到了 1919 年的立法尝试，在此谨致谢意。

（三）管理成年工人劳动时间和劳动条件的制度

当然，管理成年工人劳动时间和劳动条件的制度不会像童工管理制度那样引发诸多议论。不过，这些制度在执行过程中涉及的实质性问题与童工管理制度在本质上是相同的。

在整个19世纪，工作时间长在大多数当今发达国家里是普遍现象。1844年《工厂法案》出台之前，英国工人每天工作时长在12个小时以上，而美国直到19世纪90年代，仍只有少数开明雇主愿意打破通行的10个小时工作时长。在19世纪，许多新移民劳工甚至每天工作长达16个小时。① 1850~1870年，德国工人平均每周的劳动时间是75个小时，1890年是66个小时，1914年是54个小时。19世纪70~80年代，挪威面包师每天工作时长达16个小时。19世纪80年代，瑞典工人平均每天的工作时长为11~12个小时，到了20世纪初，某些职业（特别是面包行业的从业人员）每天的工作时长仍为17个小时。据莫持（Mørch）估计，在1880年，丹麦工人每周的劳动时间是6天半，共约70小时。②

虽然劳动时间极其漫长，但有关成人劳动时间的法规直到19世纪中叶才开始出现（不妨回顾一下，一些国家在18世纪末19世纪初就开始尝试对童工进行管理了）。1844年英国《工厂法案》是最早控制成人劳动时间的法律之一，其内容主要包括：将18岁以上女工的劳动时间限制在12个小时，并禁止女工上夜班。③ 这部法案颁布以后，虽无法律规定，但社会默认成年男工每天的工作时长为10个小时。1847年通过的《工厂法案》把女工和童工每天的

---

① Cochran and Miller 1942, p. 245.
② Lee 1978, pp. 483 – 484（德国）；Pryser 1985, pp. 194 – 195（挪威）；Hadenius et al. 1996, p. 250（瑞典）；Mørch 1982（丹麦）。
③ Marx 1976, p. 394.

工作时长限制在 10 个小时，这部法案在次年生效。不过这部法案存在诸多漏洞，让不少雇主钻了空子，大大削弱了法律的效力。比如许多雇主在工作期间（早 9 点～晚 7 点）没有给工人留出就餐时间。①

在美国，对劳动时间的限制最初是在州一级引入的。1874 年，马萨诸塞州率先立法，将女工和童工每天的工作时长限制在 10 个小时。直到 19 世纪 90 年代，这类法律才在全美普及。19 世纪末 20 世纪初，美国一些州还限制了一些特殊行业每天的工作时长，因为在这些行业（例如铁路和采矿业）疲劳工作会导致重大事故。然而在 1900 年以前，"总的来说这类法律的作用并不显著"，主要是因为许多保守的法官极力阻挠这些法律的执行。例如在 1905 年，美国最高法院在著名的"洛克纳诉纽约州"一案中宣布，纽约州颁布的面包师每天 10 小时的工作时长违反宪法，原因是该法案"剥夺了面包师按自己的意愿决定工作时间的自由"。1908 年，俄勒冈州的一部法律将女洗衣工每天的工作时长限制在 10 个小时。当时最高法院就此进行了辩论，但这次最高法院支持了该法。②

直到约 1910 年，美国大多数州才"修正了以工人接受事故风险为雇佣条件，若无法证明雇主有失职之责，无权要求工伤赔偿这一习惯法传统"。③ 然而，当时安全法规得不到有力执行。1930 年美国确立了联邦工伤保险制度（见表 3-4）。

其他当今发达国家的相关材料更加零散。不过非常明确的一点是，许多当今发达国家在 19 世纪末甚至到 20 世纪初才颁布关于成

---

① Marx 1976，pp. 395，398-399；Hobsbawm 1999，p. 102.
② Garraty and Carnes 2000，p. 607. 本段其余部分提供的所有情况均来自 Garraty and Carnes 2000，pp. 607-608。
③ Garraty and Carnes 2000，p. 607.

年工人劳动时间和劳动条件的最基本的法律法规。

早在1848年,法国就颁布了一部法律,把妇女每天的工作时间限制在11个小时。但到20世纪早期,法国精英阶层仍强烈反对任何有关成年男工的规定。第一次世界大战爆发前,北欧国家还没有有关成年女工工作时间的规定。1902年,意大利将女工每天的工作时长限定为11个小时,但直到1907年每周休息一天才成为强制要求。1904年,西班牙才把星期天确定为休息日。1905年,比利时也引入了休息日,但仅限于工商业领域。[①]

20世纪以后,出现了"现代"工作时间法规。1902年,西班牙出台了地方性8小时工作制。考虑到西班牙当时的经济发展水平,这算是比较早了,不过这种制度到1919年才正式普及。1920年,瑞典开始实行每周48小时工作制。1920年,丹麦也开始实行强制的每天8小时工作制,但总共雇用瑞典1/3劳动力的农业和航海业不受此限制。1921年,比利时实行每周48小时工作制,到1936年实行每周40小时工作制。1938年,美国通过了《公平劳动标准法案》,此后开始实行每周至多40小时工作制。[②]

第三节 过去及当今发展中国家的制度发展

根据本章的论述,我们应该如何评价当今发达国家过去的制度发展呢?笔者深知,由于历史资料(特别是小国的资料)短缺,再

---

① Kuisel 1981, p.4(法国);Engerman 2001, 附录1(国家);Clark 1996, p.137(意大利);Soto 1989, p.591(西班牙);Dechesne 1932, p.496(比利时)。

② Soto 1989, pp.585-586(西班牙);Norborg 1982, p.61(瑞典);Mørch 1982, pp.17-18(丹麦);Blanpain 1996, pp.180-182(比利时);Garraty and Carnes 2000, p.764(美国)。

加上各国之间的差异,对这个问题我们不能一概而论。不过,得出这样一个概括就本书来说是必不可少的。笔者在本节将力图解决这个问题。

在第一小节中,笔者提供了当今发达国家在三个不同发展阶段的"快照"。笔者观察到:①1820 年,最先进的当今发达国家在这时还处在工业化早期阶段;②1875 年,比较先进的当今发达国家正处在工业化发展的高潮,而发展水平稍低的当今发达国家刚刚开始工业化;③1913 年,比较发达的当今发达国家基本实现工业化,而发展水平稍低的当今发达国家工业化达到高潮。在接下来的一节中,笔者指出,当今发达国家工业化进程发展缓慢而不平衡。然后,笔者比较了当今发达国家早期的制度发展水平与当今发展中国家的制度发展水平,并得出如下结论:当今发展中国家的制度发展水平实际上比过去处在相同阶段的当今发达国家高得多。

一 当今发达国家制度发展历史一览

(一) 1820 年——工业化早期

1820 年,当今发达国家还没有实现成年男子普选。当时即便扩大了选举范围,也只有那些 30 岁以上拥有大量财富的男子才有选举权。在这些国家里,裙带关系、政党分肥制、挂名官职、买卖公职等现象在文职人员的任命中相当普遍。公职常被视作私人财产。在许多国家,现代意义上领取薪酬的专业化公职人员还不存在(普鲁士及德意志其他一些邦例外)。

既有产权经常受到侵犯,新产权取而代之,特别是在美国等新兴国家。屈指可数的几个国家(英国、美国、法国和奥地利)有专利法,但质量极差,基本不审查申请专利的发明的原创性。15 年后的 1836 年,大致接近于"现代"专利法的法规(修订了的美国专利法）才出台。

有限责任制是现代公司发展的一个关键制度条件。当时还没有国家广泛采用这一制度。它只是一种特权待遇，而不是一项权利。即便是公司财务体系最发达的国家当时也还没有制定法规，要求实行外部审计和信息披露。破产法就算有也是极不完善的，仅涵盖有限的几个行业，而且它在通过为破产者"提供重新开始的机会"和实现"风险社会化"方面的能力有限。竞争法根本不存在，尽管1810年法国《刑法典》第419条对此略有提及，但未能得到有效执行。

可能除了意大利某些地区（威尼斯、热那亚等）和英国之外，勉强也算上美国，银行总的来说在当时还是一个新事物。然而，这些国家没有拥有发钞垄断权和充当最后贷款人角色的中央银行。极少数国家制定了证券市场监管制度，但也极不完善，而且很少执行。除了作为战时"紧急"融资手段（比如英国在1799~1816年、丹麦在拿破仑战争期间）以外，没有任何当今发达国家征收个人所得税。

另外，当今发达国家在当年都还没有社会福利制度以及有关工作时间、童工、安全卫生等的劳动法规。仅有的几个例外是：英国有一两部管理某些纺织业童工劳动的法律（分别在1802年和1819年颁布的法案），但程度很低，且未能有效执行；奥地利在1787年制定法律，将法定雇工年龄规定为9岁及以上。

（二）1875年——工业化方兴未艾

到了1875年，随着工业化的推进，当今发达国家的制度大为发展，但这些制度的质量仍然远远低于我们对当今发展中国家应达到的发展水平的预期。

在这一年，当今发达国家还没有实现普选，只有法国、丹麦和美国等少数国家至少在理论上实现了成年男子普选，不过，后来美国又取消了成年男子普选制。在这些国家里,一些基本的民主制度,例如秘密投票,还尚未建立,且选举舞弊现象猖獗。各国的官僚制度刚刚具备绩效选拔、纪律措施等现代特征,但这只是在普鲁士、英国等先驱国家(不包括美国),而且许多国家仍广泛实行政党分肥制。

大多数当今发达国家(不包括瑞士和荷兰)已经制定了专利法,但是这些专利法仍极不完善,对外国人知识产权的保护尤为不力,部分原因是当时还没有形成国际知识产权体系。例如,尽管美国大力支持国际体系,但仍拒不承认外国人的版权。另外,许多德国公司大肆仿冒英国产品。

不少国家(瑞士、英国、葡萄牙、法国和比利时)可能出现了有限责任制,但是这些国家中没有关于有限责任公司的审计、信息披露程序的法规。英国比较"现代"的破产法出台还不到30年(该法于1849年出台)。这部破产法给破产者提供了"重新开始"的机会,而美国还没有联邦破产法。这一时期,虽然法国大公司迅速崛起,托拉斯日益活跃,但是法国还没有竞争法(法国1810年通过的《刑法典》第419条此时已废止)。

银行那时在许多当今发达国家中仍属于新机构,意大利、瑞士、美国等国仍未建立中央银行。在那些名义上有中央银行的国家(如葡萄牙、瑞典、德国)里,由于中央银行未取得发钞垄断权,其效率往往大打折扣。有关银行的法规少得可怜,把钱贷给熟人的现象司空见惯,银行纷纷倒闭。虽然英国是当时世界上证券市场最发达的国家,但它没有恰当的证券交易细则,导致证券市场内幕交易和操纵价格等行为。1842年,英国率先把所得税定为经常税,但经常税在当时仍是个新事物。

这一时期,除1871年引入了工伤保险的德国外,当今发达国家几乎还没有社会福利制度。英国、普鲁士和瑞典等国有了管理童工的制度,但这些制度经常得不到有效执行。许多国家依然允许雇用9~12岁的低龄儿童。另一些国家,如比利时、意大利和挪威,此时还没有管理童工劳动的法规。当今发达国家当时都没有对成年男工的工作时间做出限制,不过一些国家制定了限制女工工作时间的法律,把女工的工作时长限制为每天10~12个小时,但是这依然很长。当时即便有关于工作场所安全的法律,也根本没有被执行。

(三) 1913年——工业化成熟的开始

直到1913年,最富裕的当今发达国家才达到当今较富裕的发展中国家(如巴西、泰国、土耳其、墨西哥和哥伦比亚)的水平。人们常常要求后者建立"国际标准"的制度,不过,用这个标准一比,那些处在发展过程中的当今发达国家当时的制度质量也不过如此。

在这一年,普选制仍是个新事物,仅存在于挪威和新西兰两国,而且真正的"一人一票"的成年男子普选尚未普及。例如美国和澳大利亚有种族限制,而德国选举人的投票权因财产、受教育程度和年龄的不同而不同。1913年,法国才开始实行秘密投票,而德国还未实行。这一时期,官僚制度的现代化取得显著进展,特别是在德国。但是这时的政党分肥制依然普遍存在于很多国家(特别是美国和西班牙)。与此同时,美国等国家才刚刚实现官僚制度专业化,这时距离1883年美国开始在联邦官僚机构中实行最初级的竞争选拔只有30年。

即使在英美两国,公司治理制度也远远落后于现代标准。到1913年,英国对有限责任公司实行强制性审计制度(始于1900年)也不过10多年,但相关法律存在漏洞,公司公布的资产负债表无须保持更新。英美两国都没有强制要求公司上市时向投资者完全公开信息。在这一年,各国都还没有竞争法。1890年,美国颁布的《谢尔曼反托拉斯法案》曾提及该问题,但是直到 1914 年通过《克莱顿反托拉斯法案》,美国才有了名副其实的反托拉斯法。欧洲第一部竞争法的出台还要等 10 年——直到 1923 年德国才制定卡特尔法。

银行业仍不发达,例如美国仍不允许银行设立分支机构。大多数国家的银行业法规不完善。中央银行已经普遍存在于各国,但其质量远不及我们今天的预期。例如,1913 年美国建立了中央银行,仅能覆盖全国 30% 的银行。这时的意大利中央银行仍在争取发钞垄断权。内幕交易和操纵股票价格的行为仍未得到妥善处理。英国和美国拥有当时最发达的证券市场,但还没有制定相关的证券法规。美英两国分别于 1933 年和 1939 年颁布证券法规。所得税仍是个新事物。经过 20 年的政治斗争和法律界论战,美国在 1913 年才引入了所得税,而在瑞典,所得税虽然后来被普遍征收,但在这一年还尚未出现。

与处在类似发展水平的当今发展中国家相比,当今发达国家发展得更好的领域可能只有社会福利制度领域。自 19 世纪 80 年起,这些国家的社会福利制度发展得尤为迅速。截至 1913 年,大多数当今发达国家(加拿大、美国、葡萄牙除外)引入了工伤保险、医疗保险(荷兰、新西兰、西班牙、芬兰、澳大利亚、加拿大、葡萄牙除外)和国家养老金(挪威、芬兰、瑞士、西班牙、葡萄牙等除外)制度,尽管这些制度还很不完善。然而,此时失业险还是个新事物。1905 年,法国率先引入失业保险。截至 1913 年,爱尔兰、英国、丹麦和挪威推行失业保险。不过,挪威、瑞典等国仍然剥夺了享受社会福利的公民的选举权。

1913 年,关于工作时间、工作场所安全、女工和童工的劳动法规已大量出台,但这些法规的标准相当低,其覆盖面有限,且执行不力。例如在美国，10小时工作制遭到了雇主和保守法官的强烈抵制。25年后（1938年），美国才通过联邦法律禁止雇用童工。在这一年，没有任何国家实行每周48小时工作制，更不用说每周40小时工作制了。

二 制度发展进程——漫长而曲折

从本章第二节的详细介绍和第三节第一小节所做的简要概括中可以得出的第一个结论是：当今发达国家从开始意识到某种制度的必要性到最终确立这种制度，中间往往需要几十年甚至几百年的时间。还需要指出的是，当今发达国家在建立体制的过程中经常经历各种反复。下面，我们举例说明。

民主制的确立历时很久。此处仅举几例。法国和瑞士从实现成年男子普选到全民普选历时近100年（分别是1848~1946年和1879~1971年）。早在18世纪，人们就已经广泛意识到建立专业化的现代官僚制度的必要性。但直到19世纪早期，许多当今发达国家才真正建立了现代官僚制度。16世纪末，人们就已经认识到了有限责任制的价值，开始给规模大、风险高的公司（如英国东印度公司）颁发皇家特许证，允许它们实行有限责任制。然而，直到19世纪中叶，大多数当今发达国家才广泛实行有限责任制。某些阶层早在17世纪就认识到了建立中央银行制度的必要性，但直到1844年，才出现第一家"真正"的中央银行，即英格兰银行。1791年，美国建立了美国第一银行（存在时间极短），美国早在建国初期至少在某种程度上意识到了中央银行制度的必要性，因此在1971年组建了（成立时间很短的）美国第一银行。不过，直到1913年，美国才建立起联邦储蓄系统，而且其覆盖面在当时依然极其有限。

新制度从创始国传到其他当今发达国家也需要相当长的时间。表 3-6 尽可能地列出了各种制度是何时、何地首次出现的，何时被大多数当今发达国家采纳，又是何时被所有当今发达国家接受的。该表说明，不考虑"前现代"专利法这个特例，一种制度从出现到被大多数当今发达国家采纳所用的时间是 20 年（如国家养老金和失业保险）至 150 年（如现代中央银行制度）。该表也表明，从制度创新到当今发达国家将其奉为"国际标准"（即在绝大多数国家实行）。这个过程无法用几十年来计算，而应该用几代人来计算。当今发达国家制度发展进程缓慢的原因多种多样。

第一，特别是在制度发展的早期阶段，因为体制本身"承受不起"，许多制度未能实行或虽得以实行却未能奏效。最显著的例证是当时没有社会福利制度和劳工法规。另外，早期许多公司治理制度和金融制度不能有效运转，也是因为当时的资源不足使公司无法维持经营并执行这些制度。

第二，许多制度即便已能"承受得起"，也未被接受，主要原因是实行这些制度会使部分人遭受损失（至少是短期内），于是这些人便出来阻挠。有产阶级对民主制度、劳工法规、所得税的抵制便是最好的例子。

第三，一些制度未被采纳是因为当时人们还没能正确理解这些制度背后的经济逻辑。一个很好的例子是，有限责任制和中央银行制度就曾遭到那些可以从中受益的人的抵制。

第四，一些制度在明显"承受得起"，而且其背后的经济逻辑也得到了理解的情况下，还是未被采纳，则是由于某些"时代歧视"。因为对专业精神存在偏见，美国官僚专业化实行得很晚，而瑞士很晚才实现女性普选。这些是很好的例子。

第五，制度发展有时会滞后的一个原因是某些制度相互依赖，所以相关制度必须同步发展。例如只有发展公共财政体制,进行征税,才能保障专业化的现代官僚队伍的薪酬支付。反之,如果没有完善的税务官僚制度,公共财政制度也难以发展。总之,现代官僚制度的发展与国家财政能力的发展是密不可分的。

要解释某种特定的制度为何没能在某个特定的时间、某个特定的国家实行,还需要掌握更多的历史资料。遗憾的是,本书没有足够的篇幅来探讨这个话题。不过,通过本书的分析,我们可以清晰地看到,体制的确立一般需要几十年,甚至几代人的时间。目前,发达国家常常要求发展中国家马上或者至少在5~10年内建立"国际标准"的制度,否则将面临惩罚。鉴于上面的讨论,这一要求与提出该要求的当今发达国家自己的历史经验是相冲突的。

表3-6 当今发达国家的制度演化进程小结

	首次实行	广为实行	最后实行	英国	美国
民主					
成年男子普选*	1848(法国)	1907[a]	1925(日本)[a]	1918	1870
全民普选	1907(新西兰)	1946[a]	1971(瑞士)[a]	1928	1965
现代官僚制度	约19世纪早期(普鲁士)			19世纪中期	20世纪早期
现代司法制度				20世纪30年代?	
知识产权					
专利法	1474(威尼斯)	19世纪40年代[b]	1912(荷兰)[b]	1623	1793
"现代"专利法①	1836(美国)	20世纪60年代[b]	20世纪90年代(西班牙和加拿大)[b]	1852	1836
"现代"版权法②					1891(1988)③
商标法	1862(英国)			1862	

第三章 制度与经济发展:"善政"的历史视角

续表

	首次实行	广为实行	最后实行	英国	美国
公司治理制度					
普遍实行的有限责任制	1844(瑞典)			1856(1862)④	
破产法				1542	1800
"现代"破产法⑤				1849	1898
"现代"审计和信息披露制⑥				1948	1933
竞争法	1890(美国)			1919	1890
有效的竞争法	1914(美国)			1956	1914
金融制度					
"现代"银行制度⑦	20世纪20年代中期(英国)			20世纪20年代中期	
中央银行	1688(瑞典)	1847c	1913(美国)c⑨	1694	1913
"现代"中央银行⑧	1844(英国)	1891c	1929(美国)c⑨	1844	1929
证券法规	1679(英国)			1679	19世纪中叶
"现代"证券法规⑩				1939	1933
所得税	1842(英国)			1842	1913
社会福利与劳工制度					
工伤保险	1871(德国)	1898d	1930(美国和加拿大)d	1897	1930
医疗保险	1883(德国)	1911d	美国至今尚无d	1911	尚无
国家养老金	1889(德国)	1909d	1946(瑞士)d	1908	1946
失业保险	1905(法国)	1920d	1945(澳大利亚)d	1911	1935
童工法	1787(奥地利)	1873e	1913(葡萄牙)e	1802	1904

续表

	首次实行	广为实行	最后实行	英国	美国
"现代"童工法[11]	1878(英国和普鲁士)			1878	1938

说明：＊表中用黑体标出的制度属于"前现代"一类，在覆盖面和执行力度上与现代标准不可同日而语。因此，最好将"前现代"制度与由其衍生出来的"现代"制度区别对待。

a. 此项可知 19 个国家（澳大利亚、奥地利、比利时、加拿大、丹麦、芬兰、法国、德国、意大利、日本、荷兰、新西兰、挪威、葡萄牙、西班牙、瑞典、瑞士、英国和美国）的情况。

b. 此项可知 17 个国家（奥地利、比利时、加拿大、丹麦、芬兰、法国、德国、意大利、日本、荷兰、挪威、葡萄牙、西班牙、瑞典、瑞士、英国和美国）的情况。这时，德意志诸邦中，普鲁士、巴伐利亚、符腾堡和萨克森有专利法。意大利诸邦中，撒丁和梵蒂冈有专利法。

c. 此项可知 11 个国家（比利时、法国、德国、意大利、荷兰、葡萄牙、西班牙、瑞典、瑞士、英国和美国）的情况。

d. 此项可知 17 个国家（澳大利亚、奥地利、比利时、加拿大、丹麦、芬兰、法国、德国、爱尔兰、意大利、荷兰、新西兰、挪威、瑞典、瑞士、英国和美国）的情况。

e. 此项可知 15 个国家和地区（奥地利、比利时、丹麦、法国、荷兰、意大利、挪威、葡萄牙、普鲁士、萨克森、西班牙、瑞典、瑞士、英国和美国）的情况。

① "现代"专利法是指严格审查发明原创性，对外国人的发明以及化工产品和药品的专利给予保护的专利法。

② "现代"版权法最重要的规定是，对外国人版权给予同等保护。

③ 直到 1988 年，美国仍不承认外国人的版权，除非出版物在美国印制。

④ 1857 年银行实行有限责任制，而保险行业于 1862 年实行有限责任制。

⑤ "现代"破产法没有规定财产限制，适用于所有人，给债务人提供重新开始的机会。

⑥ "现代"审计和信息披露制要求外部审计、报告最新资产负债表并披露详细信息。

⑦ "现代"银行制度是指覆盖面广、基本没有内幕交易、各地价格统一的银行制度。

⑧ "现代"中央银行是指拥有发钞垄断权、充当最后贷款人并控制所有银行的银行。

⑨ 1913 年，美国建立了联邦储蓄系统，但到了 1915 年，只有 30% 的银行（占银行业总资产的 50%）处于该系统之下。直到 1929 年，联邦储蓄系统仍只覆盖不到 65% 的银行（不过，这些银行只占到银行业总资产的 20%）。

⑩ "现代"证券法规是指要求公布真实信息、信息完全公开、核发交易者执照、监管机构有权发起调查的证券法规。

⑪ "现代"童工法是指涵盖面广并得以有效执行的童工法。

三 与当前发展中国家之比较

我们已经认识到,当前发达国家过去制度发展的历程是漫长而曲折的。不过,对本书更有意义的一点是,当今发达国家过去制度的总体发展水平比处在类似发展阶段的当今发展中国家要逊色得多。

为了得出这个结论,我们首先需要将处在发展过程中的当今发达国家的发展水平与今天发展中国家的发展水平进行比较。在表3-7中,我们比较了当今发达国家在19世纪和20世纪初的人均收入(按1990年国际美元计算)与当今发展中国家1992年的人均收入。显然,这只是一个粗略的比较,因为用收入值来衡量一个国家的发展水平本身就存在诸多众所周知的问题,特别是在需要使用相差200多年的历史数据的时候就更是如此了。不过,这张表仍可大致让我们了解到,与当今发展中国家相比,当今发达国家在其发展过程中的相对发展程度。

经过比较可以得知,19世纪20年代,大多数当今发达国家的发展水平大致处于当今孟加拉国(人均收入720美元)和埃及(人均收入1927美元)之间——这类国家包括缅甸、加纳、科特迪瓦、肯尼亚、尼日利亚、印度和巴基斯坦。到1875年,大多数当今发达国家的收入水平已经超过了尼日利亚、印度,但是即便是最富裕的当今发达国家(英国、新西兰和澳大利亚)也只处在今天中国(人均收入3098美元)或秘鲁(人均收入3232美元)的水平,其余的国家(包括美国、德国和法国)的收入水平仍处在今天巴基斯坦(人均收入1642美元)和印度尼西亚(人均收入2749美元)之间。到1913年,最富裕的当今发达国家(英国、美国、澳大利亚和新西兰)已经达到当前较富裕的发展中国家(如巴西、墨西哥、哥伦比亚和泰国)的水平。不过,那时从芬兰到法国和奥地利等大多数发达国家仍处在当前中等收入水平的发展中国家(如菲律宾、摩洛哥、印度尼西亚、中国和秘鲁)的水平。

表 3-7　当今发达国家在发展过程中的相对位置
（收入值按 1990 年的国际美元计算）

人均收入范围	当今发达国家				发展中国家
	（1750 年）	（1820 年）	（1875 年）	（1913 年）	（1992 年）
1000 以下	法国(921)	日本(704) 芬兰(759) 加拿大(893) 爱尔兰(954)			埃塞尔比亚(300) 孟加拉国(720) 缅甸(748)
1000~1500	英国(1328)	挪威(1002) 西班牙(1063) 意大利(1092) 德国(1112) 瑞典(1198) 法国(1218) 丹麦(1225) 美国(1287) 比利时(1291) 奥地利(1295)	芬兰(1176) 挪威(1469)	日本(1334) 葡萄牙(1354)	加纳(1007) 肯尼亚(1055) 科特迪瓦(1134) 尼日利亚(1152) 印度(1348)
1500~2000		澳大利亚(1528) 荷兰(1561) 英国(1756)	意大利(1516) 加拿大(1690) 瑞典(1835) 奥地利(1986)	希腊(1621)	巴基斯坦(1642) 埃及(1927)
2000~3000			丹麦(2031) 法国(2198) 德国(2198) 美国(2599) 比利时(2800) 荷兰(2829)	芬兰(2050) 西班牙(2255) 挪威(2275) 意大利(2507) 爱尔兰(2733)	菲律宾(2213) 摩洛哥(2327) 印度尼西亚(2749)
3000~4000			新西兰(3707) 英国(3511)	瑞典(3096) 法国(3452) 奥地利(3488) 丹麦(3764) 德国(3833) 荷兰(3950)	秘鲁(3232) 中国(3098)*

续表

人均收入范围	当今发达国家				发展中国家
	(1750年)	(1820年)	(1875年)	(1913年)	(1992年)
4000~5000			澳大利亚(4433)	比利时(4130) 瑞士(4027) 加拿大(4231)	土耳其(4422) 泰国(4422) 巴西(4862)
5000~6000				英国(5032) 新西兰(5178) 美国(5307) 澳大利亚(5505)	墨西哥(5098) 哥伦比亚(5359)

说明：＊中国的统计数值是按相对购买力平价计。——译者注

资料来源：Maddison 1995。英法两国1750年的数字是按0.4%的年增长率并根据1820年的数值推算出来的。0.4%是英国历史学家们估计值的加权平均数（De Vries 1984）。经济历史学家普遍认为，法国同期的增长率接近于英国（Crouzet 1967）。

如果把这些收入的比较和前文讲到的3张历史"快照"结合起来，我们很快能发现，与处在可比发展阶段的当前发展中国家相比，当今发达国家早期的制度发展水平要低得多。比如1820年的英国处在比现在的印度略高一点的发展水平，但是现在的印度已经具备的许多最"基本"的制度，比如普选制（英国那时还没实现成年男子普选）、中央银行、所得税、普遍推行的有限责任制、"现代"破产法、专业化的官僚制度以及有效的证券法规，而那时英国却没有。除了在为数不多的几个行业里有几条几乎不被执行的初级童工法规以外，英国在1820年甚至还没有任何基本的劳工法规。

与此类似，1875年意大利的发展水平与今天的巴基斯坦相近。然而，当时的意大利还没实现成年男子普选，也没有专业化的官僚制度、独立专业的司法体系、垄断发钞的中央银行和竞争法。而这些机构和制度在巴基斯坦早已存在了几十年（民主制显然是一个例外。虽然巴基斯坦的选举制屡遭中断，但只要允许选举，就一定是普选）。

再举一个例子。1913年美国的发展水平接近于今天墨西哥的发展水平，但当时美国的制度发展水平要远远落后于今天的墨西哥：妇女没有选举权，而许多地区的黑人和其他少数民族事实上也没有选举权。1898年美国颁布的联邦破产法仅实行了十多年。美国承认外国人版权（1891年）只有二十多年。此外，美国此时的中央银行体系极其不完善，而所得税在1891年才刚刚征收。有效的竞争法——《克莱顿反托拉斯法案》到1914年才颁布。各州关于证券交易和童工劳动的联邦法规尚未制定，而且在这些领域的立法很少，质量很低，执行也不力。

从上述例子中我们可以得出以下结论：与处在可比发展水平的当今发展中国家相比，当今发达国家在经济发展早期的制度结构要相对落后。毋庸置疑，当今发达国家在那时的制度发展水平与它们要求当今发展中国家必须遵循的那些更高的"国际标准"相比就差得更远了。

第四章 当前的教训

第一节 导言

根据前文讨论可知,当今发达国家在早期所采用的政策和制度,与它们的最初设想存在很大差别,甚至与它们"推荐"或更多时候"强制要求"当今发展中国家采纳的那些政策和制度也大有不同。

在本章第二节和第三节中,笔者总结了第二章和第三章的主要结论,并讨论了我们是否能得出这样的结论:当前发达国家极力推崇的"好政策"和"好制度",实际上是"踢开了发展中国家赖以发展的梯子"。第四节指出了本书结论的不足之处。第五节得出了一些结论,并提出了当前研究中已出现的新的研究方向。

第二节 对经济发展政策的反思

本书第二章回顾了当今发达国家在发展进程中所采用的政策措施,这一发展进程指从14世纪的英国到20世纪末的东亚新兴工业化国家。

笔者的讨论在很大程度上证实了150年前李斯特在观察后得出

的结论：不出两代人的时间，德国将挑战英国的经济霸主地位，或者美国将成为世界领先的工业强国。当时很多人嘲笑这个结论。一个连贯的模式出现了，在这个模式中，所有经济体都采用了积极的产业、贸易和技术政策——而不仅仅像笔者一再指出的那样，采用关税保护政策——来促进经济发展，就像李斯特之前的时代那样。自李斯特所处的时代起，政策工具更多样、更复杂，也更有效，但是这些政策工具中的普遍模式一直存在，并且被不断重复采用。

无论这些政策工具是如何付诸实施的，从14世纪的爱德华三世，到18世纪的罗伯特·沃波尔、腓特烈大帝和亚历山大·汉密尔顿，再到19世纪美国、德国或瑞典的政策制定者们，最后一直到20世纪东亚或法国的政策制定者们，这些成功的发展战略家被一些共同的原则指引。

正如我们通过近几个世纪的反复观察所看到的，所有赶超经济体面临的共同问题是如何向高附加值的经济活动转型，这是经济发展过程中的关键问题。然而，这一过程并不能"自然"发生，[①] 主要是因为基于种种原因，在赶超经济体中，高附加值的经济活动或新兴产业的社会投资回报和个人投资回报之间存在差异。[②]

[①] 当然，这些高附加值的经济活动是什么，取决于不同的国家及其所处的不同的发展阶段。举个极端的例子，毛纺织业在14、15世纪的欧洲也是高附加值的经济活动，而现在却成为低附加值的经济活动。高附加值的经济活动甚至不需要成为传统意义上的"制造业"，就像我们谈到的"促进幼稚产业发展"所暗示的一样。高附加值的经济活动与技术进步密切相关。它通常被视为某种"服务"——对经济活动的一种正式分类。

[②] 详见 Chang 1994，第三章；Stiglitz 1996；Lall and Teubal 1998。以上著作论述了差异出现的原因。问题往往在于，国家应该对私人企业的成本收益分析产生影响，而这些企业却没有投资发展生产。这正是腓特烈大帝在西里西亚地区成功利用一小部分国有企业发展工业或第二次世界大战后获得独立的部分发展中国家通过公办企业发展经济（大都没有成功）的原因所在。

鉴于这些差异，建立相关制度使这些投资所面临的风险社会化就显得非常有必要了（更多内容详见本章第三节）。与一些主流观点相反，这里的制度并不包括直接的政策干预，如关税保护或补贴。不过，制度层面的解决方法存在很大局限：第一，制度生来就是一般规则的体现，因此在针对特定产业的问题上并不一定十分有效；第二，正如我们在第三章所讨论的那样，建立新制度需要很长时间，这就限制了国家应对新挑战做出快速反应的能力。因此，在许多情况下，一个更有重点、更快速的政策干预措施的实施也许比制度层面的解决方法要好一些。

然而，虽然直接的国家干预（尤其是以在产业、贸易和技术政策的方式进行的干预）是化解幼稚产业发展过程中风险问题的必要手段，但并不是唯一手段，也就是说，关税保护并不是唯一的手段。① 正如第二章讨论的内容所表明的，由于不同国家在相关技术背景、国际环境、人力资源可用性等方面存在差异，即使为实现同一个目标，不同的国家也会采用不同的政策工具。即便在同一个国家，随着国内和国际环境的变化，其发展的重点问题或中心问题也会随之变化。通常，成功的国家能够及时地、熟练地调整它们政策的重心以适应变化的环境。

虽说积极的产业、贸易和技术政策是必需的，但并不意味着所有采用这些政策的国家就能实现经济发展。从战后一些发展中国家的发展经验来看，这些政策的成功一方面取决于政策的具体形式，另一方面则取决于执行这些政策的国家的国力和意愿。②

我们对历史所做的考察似乎更能清楚地说明问题。为了赶超先

---

① 沙菲丁（Shafaeddin）在其著作中指出，李斯特也认为关税和补贴政策只是众多工业发展政策中的其中两个（详见 Shafaeddin 2000, pp. 9-10）。
② 详见 Evans 1995; Stiglitz 1996; Chang and Cheema 2002。

进经济体,当今发达国家采用了干预主义的产业、贸易和技术政策以促进幼稚产业发展。这些政策的形式和重点可能因国家的不同而有所不同,但不容否认的是它们确实积极采用了干预主义政策。相比较而言(也就是说,考虑到它们与更发达国家的生产力的差距),当今发达国家过去对工业的保护程度要远大于当今发展中国家对工业的保护程度。

如果事实真是如此,那么当今发达国家当前极力推荐的一系列"好政策",即标榜自由贸易和其他放任自由的产业、贸易和技术政策,似乎与历史经验并不相符。除了一两个特例(如荷兰和瑞士),当今发达国家并不是以这些"好政策"为基础而获得成功的。当今发达国家过去为了达到目前的发展水平而采用的政策(积极的产业、贸易和技术政策)正是它们认为不能被发展中国家使用的、对经济发展有消极影响的政策。

那么,由当今发达国家控制的国际发展政策机构推荐给发展中国家的政策是否只对当今发达国家有利,而不利于发展中国家经济的发展?这些政策和19世纪英国推行的自由贸易、反对美国和其他当今发达国家的保护主义政策是否相同?就像英国和其他当今发达国家曾强加给殖民地一系列不平等条约那样,当前世界贸易组织限制发展中国家采用积极的产业、贸易和技术政策是否只是一种"现代的""多变的"不平等条约?换句话说,当今发达国家是否在踢开它们曾爬过的梯子,不让发展中国家超越呢?遗憾的是,上述问题的答案是肯定的。

面对"正在踢开帮助发展中国家发展的梯子"的谴责,当今发达国家唯一能辩解的是,它们采用过的积极的产业、贸易和技术政策只是在过去有利于经济发展,但是现在时代变了,这些政策已经对发展中国家不再有效了。也就是说,昨天的"好政策"在今天来说并不一定就是"好政策"了。

撇开极少数令人信服的理由,[①] 在过去的二十多年里,发展中国家不容乐观的整体发展情况证明上述解释是站不住脚的。在这期间,大多数发展中国家进行了"政策改革",实施了被认为可以促进发展的"好政策"或至少是"较好的政策",但结果很让人失望。

显而易见的事实是,新自由主义的"政策改革"并未能实现其核心承诺,即经济增长。在执行这些政策时,发展中国家被告知,虽然在短期或者相当长的一段时期内,这些政策会加剧不平等,但相比战后早期实行的国家干预政策,这些措施更能促进经济增长,也更能有效提高每个人的生活水平和质量。近二十年来的历史实践表明:"好政策"的消极影响的确得到了验证,它加剧了发展中国家人民收入的不平等,但没能实现加速经济增长的积极影响。事实上,与1960~1980年实行"坏政策"的时期相比,实行"好政策"的过去20年里各国经济增长速度反而明显下降了,在发展中国家尤甚。

维斯保罗(Weisbrot)等对116个国家(包括当今发达国家和发展中国家)的数据进行了统计与分析,结果显示,这些国家在1960~1980年的人均GDP年增长率为3.1%,而1980~2000年的

---

① O'Rourke 2000, pp. 474 – 475. 欧·鲁尔克在书中引用了杰弗里·威廉森(Jeffrey Williamson)及其同事的一些研究观点,提出了一个看似可信的观点。他们认为,因为19世纪资本货物贸易还比较少见,关税保护通过缩减资本货物的相对价格促进了投资。到了20世纪,资本货物贸易更加普遍。有证据显示,这时的关税保护提高了资本货物的相对价格,减少了投资。不过,鲁尔克也承认,19世纪的例子不仅是一个非常敏感的例子,而且伴随着一个难以让人相信的相关性,即索罗模型中提出的投资对经济增长有消极作用,这一点也让人难以理解。鲁尔克指出,这个争论仍然没有结论。

人均 GDP 年增长率仅为 1.4。在 116 个国家中只有 15 个国家（含 88 个发展中国家中的 13 个）① 在这 20 年中有大于 0.1% 的增长幅度。②

更具体地说，根据维斯保罗等人的说法，1960~1980 年，1960~1980 年拉丁美洲国家的人均 GDP 年增长率为 2.8%，而 1980~1998 年拉丁美洲国家的人均 GDP 年增长率是停滞的，仅为 0.3%。1960~1980 年，撒哈拉以南非洲地区人均 GDP 年增长率为 1.6%（平均增幅为 36%），而 1980~1998 年的人均 GDP 年增长率为 -0.8%（平均降幅为 15%）。除中国和越南以外，没有实行新自由主义经济政策的前共产主义经济体（"转型经济体"）的经济发展甚至更不理想。约瑟夫·斯蒂格利茨（Joseph Stiglitz）指出，在 19 个东欧转型经济体和苏联国家③中，只有波兰 1997 年的

---

① Weisbrot et al. 2000，该书没有对发展中国家给出定义，但是笔者（有点武断地）把发展中国家定义为人均收入少于 1 万美元（以 1999 年美元价格计算）的国家。于是，塞浦路斯、希腊、葡萄牙和马耳他等国家和地区（排名第 24 至 28 位），都包括在发达国家之列，而巴巴多斯、韩国、阿根廷、塞舌尔和沙特阿拉伯等国（排名第 29 至 33 位）属于发展中国家。

② 唯一两个经济超速增长的当今发达国家是卢森堡和冰岛。获得经济超速增长的发展中国家有 13 个，分别是：智利、毛里求斯、泰国、斯里兰卡、中国、印度、孟加拉国、毛里塔尼亚、乌干达、莫桑比克、乍得、布基纳法索和布隆迪。但是，布隆迪的收入减少要大于实际增长。在乌干达、毛里求斯和乍得，经济增长加速的主要原因是内战而不是政策变化。在这种情况下，只有 9 个发展中国家的经济增长从理论上说是归因于采用了"好政策"带来的改变。当然，即便如此，我们也不能忘记在这 9 个国家中的两个大国——中国（人均 GDP 年增长率由 2.7% 上升为 8.2%）和印度（人均 GDP 年增长率由 0.7% 上升为 3.7%）——也不是因为实行了华盛顿共识所认可的"好政策"。

③ Stiglitz 2001b. 这 19 个国家人均 GDP 年增长率（可能用缩减率更恰当，但波兰除外）由低到高分别是，格鲁吉亚、阿塞拜疆、摩尔多瓦、乌克兰、拉脱维亚、哈萨克斯坦、俄罗斯、吉尔吉斯、保加利亚、立陶宛、白俄罗斯、爱沙尼亚、阿尔巴尼亚、罗马尼亚、乌兹别克斯坦、捷克共和国、匈牙利、斯洛伐克和波兰。

国内生产总值超过了转型前的1989年,而剩下的18个国家中,有4个国家(格鲁吉亚、阿塞拜疆、摩尔多瓦和乌克兰)在1997年的人均国内生产总值低于1989年的40%。只有5个国家(罗马尼亚、乌兹别克斯坦、捷克共和国、匈牙利和斯洛伐克)1997年的人均国内生产总值超过了1989年的80%。

因此,在这里对新自由主义经济学家而言有一个明显的"悖论":所有国家,特别是发展中国家在1960~1980年采用"坏政策"时的经济增长速度远远高于随后20年里采用"好政策"的经济增长速度。这一悖论的最好解释是:采用所谓的"好政策"事实上并不利于发展中国家经济的发展,而"坏政策"如果加以有效执行,也许更能促进经济发展。

现在,有趣的是,这些所谓的"坏政策"其实正是当今发达国家在早期发展阶段时采用的政策。有鉴于此,我们只能得出这样的结论:当今发达国家向发展中国家推荐所谓的"好政策"的同时,也在"踢开帮助它们自己爬到了顶端的梯子"。

第三节 对制度发展的反思

目前,我们仍很难透彻地理解制度的发展过程及其在整个经济发展中的作用。虽然我们需要进一步研究制度在经济发展中的作用,以便能够得出更多明确的结论——这超出了本书的研究范围——但我们在第三章的讨论中提出了以下几点。

目前,当今发达国家向发展中国家推荐的、作为"善政"大多数一揽子计划并不是发达国家实现经济发展的主要原因,实际上是其经济发展的结果。从这个意义上讲,我们不清楚这些制度中有多少是当今发展中国家所需要的。这些政策必须根据国际发展政策机构的要求通过双边或多边外部压力强加给发展中国家吗？

即便当我们认为某些制度确实是"好的"甚至是"必需的"，我们也需要谨慎分析这些制度的恰当形式。第三章中，笔者已经指出，对于每一种制度都有应该采取何种恰当形式的争论。哪一种官僚制度有利于经济发展？产权制度应如何有效保护既有产权？维护债务人权益的破产法是怎么样的？中央银行应该有多大独立性？确定哪些制度对哪些国家来说是必需的，已超出了本书的研究范围。但是笔者希望通过第三章的论述让每个人都明白，每个国家都必须采用一种"最佳实践"（通常被认为英美模式的制度）来实现发展，这一主流观点本身就很有问题。

然而，我们争论当今发达国家推荐给发展中国家的"善政"，对发展中国家来说并不一定是必需的或者是有利的。但这些争论并不是说制度不重要，也不是说发展中国家不需要改进制度。相反，从历史上看，改进和提高国家制度的质量能够更好地促进经济增长。我们从历史的和当前的一些数据中就能很容易地得出结论。

从表4-1可见，1820~1875年，表中的14个当今发达国家的人均年增长率为0.6%（意大利）~2.0%（澳大利亚），而未加权平均值和中间值均为1.1%。1875~1913年，表中国家的人均年增长率在0.6%（澳大利亚）~2.4%（加拿大），而未加权平均值为1.7%，中间值为1.4%。假定当今发达国家在19世纪中期已经认识到了制度发展的重要性（详见第三章第三节），那么说这些国家经济增长的部分原因是改进了国家制度似乎也很有道理。

当今发达国家在所谓的"资本主义黄金时代"（1950~1973年）的经济表现远远优于这一时期前后，这也突出了制度在促进经济稳定增长方面的重要性。在资本主义黄金时代，当今发达国家人均年增长率基本为3%~4%，这与此前的1%~2%（见表4-1）和之后的2%~2.5%（见表4-3）形成了鲜明对比。根据麦迪逊1989年的统计，在资本主义黄金时代，16个最大的当今发达国家的人均年增长率为3.8%，其中日本（8%）、德国（4.9%）、澳大利亚（4.9%）和意大利（4.8%）等国实现了以前无法想象的高增长率。① 许多评论家把资本主义黄金时代的经济高速发展归功于第二次世界大战后这些国家引进了好的制度，比如积极的（凯恩斯主义的）财政制度、完善的社会福利制度、严格的金融监管制度、社团主义的工资谈判制度、投资协调制度和部分国家（尤其是法国和澳大利亚）中的民族工业制度。人们普遍认为，这些制度有助于当今发达国家提升宏观经济和金融的稳定性，实现资源合理配置和社会稳定发展。②

表4-1　当今发达国家早期的人均年增长率

单位：%

国家	1820~1875年	1875~1913年	国家	1820~1875年	1875~1913年
澳大利亚	2.0	0.6	意大利	0.6	1.3
奥地利	0.8	1.5	荷兰	1.1	0.9
比利时	1.4	1.0	挪威	0.7	1.2
加拿大	1.2	2.4	瑞典	0.8	1.4
丹麦	0.9	1.6	英国	1.3	1.0
芬兰	0.8	1.5	美国	1.3	1.9
法国	1.1	1.2	未加权平均值	1.1	1.7
德国	1.2	1.5	中间值	1.1	1.4

资料来源：Maddison 1995。

---

① 这16个国家是澳大利亚、奥地利、比利时、加拿大、丹麦、芬兰、法国、德国、意大利、日本、荷兰、挪威、瑞典、瑞士、英国和美国。
② Marglin and Schor 1990；Armstrong et al. 1991；Cairncross and Cairncross 1992.

将当今发达国家早期的经济增长与发展中国家战后的经济增长进行比较,我们会对政策、制度和经济增长之间的关系有更有价值的认识。

笔者认为,发展中国家在战后早期(1960~1980年)比可比阶段的当今发达国家发展得更快,部分原因是发展中国家拥有比后者更好的制度(详见第三章第三节)。① 如表4-2所示,1960~1980年,当今发展中国家人均国民生产总值(GNP)年增长率为3%,这要远高于当今发达国家在类似的发展时期(1820~1913年)的增长率。如表4-1所示,当今发达国家那时的年人均增长率为1%~1.5%。

表4-2 1960~1980年发展中国家和发达国家人均国民生产总值年增长率

单位:%

国家和地区	1960~1970年	1970~1980年	1960~1980年
低收入国家	1.8	1.7	1.8
撒哈拉以南非洲地区	1.7	0.2	1.0
亚洲	1.8	2.0	1.9
中等收入国家	3.5	3.1	3.3
东亚和太平洋地区	4.9	5.7	5.3
拉美和加勒比地区	2.9	3.2	3.1
中东和北非地区	1.1	3.8	2.5
撒哈拉以南非洲地区	2.3	1.6	2.0
南欧地区	5.6	3.2	4.4
所有发展中国家	3.1	2.8	3.0
发达国家	3.9	2.4	3.2

说明:1979年和1980年的数据不是最终的数据,而是世界银行的估计数。假定估计数是乐观的,那么1970~1980年和1960~1980年的实际数值会略低于表中的数值。

资料来源:World Bank 1980,见第一部分附表。

---

① 快速增长背后的另一个原因是,世界经济作为一个整体正在快速增长,而这归因于当今发达国家的快速增长,它们的经济占了世界经济的绝大部分。笔者在此感谢约翰·格里夫·史密斯(John Grieve Smith)提出了上述观点。但同样值得注意的是,正如上文所指出的那样,当今发达国家的经济增长归因于它们制度的改进。有关20世纪60年代和70年代发展中国家在世界经济增长需求方面的作用(详见Kravis 1970和Lewis 1980)。

上述数据表明，为加速经济发展，发展中国家的一项重要的任务是完善国家制度。不过，这需要具备两个条件。

第一个条件是：发展中国家的制度完善是一个长期且需要耐心的过程。第三章的讨论表明，当今发达国家制度的发展花费了几十年甚至几个世纪，而且在这一过程中还经常出现倒退和逆转。由此可见，当前要求发展中国家在5~10年使制度达到"国际标准"在时间上是远远不够的。另外，因为当今发展中国家的制度水平已经超过了早期处在相同发展阶段的当今发达国家，所以要求发展中国家在如此短的时间内采用一套全新的"国际标准"的制度是不现实的。当然，这并不意味着当今发展中国家要继续沿用20世纪的制度标准，也不意味着让发达国家接受发展中国家政府提出的"我们还没有准备好"的论点（本章第四节会对这一点做出进一步分析）。但是，很显然，发展中国家应该更清醒地认识其能够实现的制度发展速度，或者还缺少哪些制度。

第二个条件是："好制度"只有与"好政策"相匹配，才能实现经济增长。正如读者可能想到的，这里的"好政策"是指大多数当今发达国家在早期发展阶段曾经采用过的政策，而不是它们当前推荐给发展中国家的政策。事实上，虽然当今发展中国家的制度在持续甚至可以说是加快发展，但是过去的20年里发展中国家的经济增长经历了明显的低速增长（见本章第二节）。在笔者看来，这是因为这些发展中国家在这一时期实行"政策改革"，反而大大削弱了它们推行"真正好"的政策的能力。

从表4-2和表4-3可见，发展中国家1960~1980年的人均国民生产总值年增长率为3%（见表4-2），而1980~1999年，其人均国内生产总值年增长率为 1.5%（见表 4 - 3）。① 后一增长率基本上是当今发达国家在 19 世纪末和 20 世纪初（1875 ~ 1913 年）达到的水平，而当今发达国家当时受到的不利制度条件的阻碍要低于当今发展中国家所受到的阻碍（见表 4 - 2）。1980 ~ 1999 年，高于发展中国家人均国内生产总值年增长率的地区是东亚和太平洋地区以及南亚地区，而它们的年增长率分别受中国和印度年增长率的影响。除去中国和印度，这两个地区的增长率会低很多。有趣的是，国际发展政策机构却经常指责中国和印度，理由是这两个国家采用了质量较差的制度和政策。如果我们从统计中排除这两个国家，那么最终会得出一个更低的人均国内生产总值年增长率。②

表 4 - 3　发达国家与发展中国家在"制度改革时期"的
人均国内生产总值年增长率

单位：%

国家和地区	1980 ~ 1990 年	1990 ~ 1999 年	1980 ~ 1999 年
发展中国家	1.4	1.7	1.5
东亚和太平洋地区	6.4	6.1	6.3
欧洲和中亚地区	1.5	- 2.9	- 0.6
拉美和加勒比地区	- 0.3	1.7	0.6
中东和北非地区	- 1.1	0.8	- 0.2
南亚地区	3.5	3.8	3.6
撒哈拉以南非洲地区	- 1.2	- 0.2	- 0.7
发达国家	2.5	1.8	2.2

说明：数据来自 World Bank 2001。表中的数值仅是估值，是从 GDP 增长率中减去人口增长率得出的。因为世界银行在 1998 年公布的《世界发展报告》中停止公布了 10 年的人均 GDP 增长率。关于国家分类，详见这个报告第 334 页的表。

---

① 表 4 - 2 和表 4 - 3 中的数据不能进行严格意义上的比较，因为两个表格中涉及的发展中国家并不相同。
② 这个增长率与 19 世纪末 20 世纪初的当今发达国家（当时它们已经显著改善了它们的制度）相比，更接近于其在 19 世纪中叶早期发展阶段（那时的当今发达国家只有很少的今天国际发展政策机构所推荐的那些政策）的增长率。

因此,这种说法看起来是十分合理的,即1960~1980年,当今发展中国家比发达国家发展快得多,部分归因于它们的制度基础比当今发达国家处在相同发展阶段时的制度基础要好,还因为当今发展中国家采用了"坏政策"。然而,当20世纪80年代这些政策被中止时,"好政策"并未能使这些发展中国家获得更好的发展(相比发达国家早期阶段),更别提超过其在1960~1980年的发展速度了。①

所有这些对"踢开梯子"的论证意味着什么?笔者认为,如果现行制度与恰当的政策相结合,国际社会要求改进制度的压力在发展进程中就能发挥积极的作用。然而,当前发展中国家制度改革的推动并不是按照上述方式进行的,这很可能是当今发达国家"踢开梯子"的另一种形式。

当今发达国家采用了双重标准。通过要求发展中国家达到的制度标准(这种制度标准连它们自己在相同发展阶段也没有达到),当今发达国家把发展中国家既不需要又无法承担的制度强加给它们,从而阻碍了发展中国家经济的发展。② 例如维持"国际标准"

---

① "好制度"不一定能带动经济增长,这一观点还有其他的证据可以证明。20世纪前半叶,虽然亚洲主要的发展中国家和地区在"殖民规则"要求下引入了一些"好制度",但这些国家和地区的经济实质上仍处于停滞状态。根据麦迪逊1989年的统计数据,亚洲9个最大的发展中国家和地区(孟加拉国、中国、印度、印度尼西亚、巴基斯坦、菲律宾、韩国、中国台湾地区和泰国)在1900~1950年的人均GDP年增长率为0。这一时期,菲律宾的人均GDP年增长率是0.4%,韩国和泰国是0.1%,中国是-0.3%,南亚国家和印度尼西亚是-0.1%。这些国家和地区在获得独立之后,经济发展得更快。1950~1987年它们的人均GDP年增长率达到3.1%。当然,部分原因是它们实行的制度的质量得到了提升,但更重要的是它们能够寻求"正确的"政策,即积极的产业、贸易和技术政策。关于这一点的进一步阐述详见 Amsden 2001。

② 这里有一件很不好的事也证明了笔者的观点。在蒙古的社会主义制度崩溃之后,美国政府向哈佛大学提供了大量资金培养蒙古精英青年,使其服务于美国在蒙古的某些发展意图。

的产权制度和企业治理制度需要发展中国家培训（更糟的是从国外雇用）一大批世界一流的律师和会计师。这意味着发展中国家将不可避免地缺乏资金（它们自己的或捐助国的资金），而它们在当前发展阶段其实更需要的是教师或者工业工程师。从这个意义上来说，不论是在制度层面还是政策层面，当今发达国家都在"踢开梯子"。

不过，与制度有关的情况要比与政策有关的情况复杂得多。与政策不同，推荐给发展中国家的许多制度是可以给这些国家带来好处的，虽然制度的形式很重要，但是制度只有和恰当的政策相结合才能充分实现其有利的一面。此外，制度改革需要巨大的成本。因此，这场"好制度"改革运动是否会演变成发达国家"踢开梯子"的手段，在很大程度上取决于这些被要求实现的制度的具体形式、质量与速度。从这两方面来看，发展中国家对当前开展的制度改革并不积极。

第四节　本书可能存在的不足

目前针对本书观点，至少有三点异议。第一点，也是最明显的一点是，发展中国家无论愿意与否都必须采用当今发达国家推荐的制度和政策，因为世界运行的规则本就是强者发号施令，弱者服从命令。

在某种程度上，笔者很难否认这一异议。事实上，在本书第二章第二节中，笔者论述了当今发达国家在早期阶段使用的"脱身"战略（如殖民主义、不平等条约、禁止机器出口等），这些都支持了这一异议。即使在当前殖民主义和不平等条约已经不再被人们接受的情况下，当今发达国家还能对发展中国家产生重大影响。当今发达国家通过预算援助和贸易政策对发展中国家发挥直接的双边的影响，也能通过它们所控制的、发展中国家所依赖的国际金融制度，以及操纵各种国际组织等来影响发展中国家。这些国际组织甚至包括表面上"民主"的世界贸易组织，它规定一个国家享有一票表决权（不像联合国安理会常任理事国有一票否决权；也不像世界银行和国际货币基金组织，投票权是与资本份额挂钩的）。近20年来，苏联解体使当今发达国家的力量得到平衡，加上发展中国家所谓的"不结盟"运动，这些进一步削弱了发展中国家讨价还价的能力。

不过，在另一个层面上，发展中国家应该遵循世界经济的"新规则"，因为它是当今发达国家及其控制的国际发展政策机构希望的，这才是问题的关键。笔者想要强调的是这些"新规则"应该变一变，虽然在近期要改变这些规则几乎是不可能的。但这并不意味着讨论怎样改变这些规则没有意义。如果我们认为这些规则需要改变，就需要讨论怎样更好地实现这一改变，尽管改变的可能性很小。通过区分当今发达国家已经建立的"规则"，本书试图更详细地讨论"怎样改变这些规则"。

第二点可能存在的异议是当今发展中国家不得不采用国际发展政策机构推荐的制度和政策，因为这是投资者要求的。发展中国家是否喜欢这些"新规则"抑或国际发展政策机构是否愿意改变"新规则"，这些都不重要，因为在全球化时代，国际投资者才是发号施令者。不采用国际投资者们想要的制度和政策的发展中国家将被排斥并最终承受不利的后果。

但是这一异议也有很多问题。首先，我们不清楚国际投资者是否真的关心由国际发展政策机构提出的制度和政策。例如中国能够吸引大量外资，但实行了当前所谓的"坏制度"和"坏政策"。这表明，投资者真正想要的往往并不是他们口中所说的，也不是国家发展政策机构所说的，比如说民主和法制。经验研究表明，投资者在进行投资决策时，考虑更多的是市场规模和增长速度等因素，它们远比制度好坏的变化更重要。[①]

其次，即便采用可以吸引国际投资的"国际标准"的政策和制度，外资也并不是大多数国家经济增长的关键性要素。换句话说，一个国家政策和制度的潜在价值取决于它们能在多大程度上促进经济发展，而不是由国际投资者怎么看待来决定。本书论证了当前许多被认为的"善政"制度其实并不是发展所必需的，甚至有一些（比如某些产权保护制度）还会阻碍发展。特别是在考虑这些制度的建立和维持需要高额成本的情况下，尽管能吸引更多的外国投资者，但建立这些制度从整体上容易产生消极影响。

再次，关于具体制度，笔者认为，在国际压力下，一个国家即便引入了某种"好制度"，如果它没能被有效地实施也不会产生预期的效果。可能有人认为，当发展中国家的政府拒绝采用明显"负担得起的"、与其社会既有的政治文化相协调的某种制度时，一定程度的外部制度压力是有必要的。但是我们应该承认，如果在没有做好"准备"的国家引入某些制度，那么这些制度不会被很好地实施，甚至被完全破坏。比如，在某些没有做好"准备"的国家存在民主被军事政变破坏、选举欺骗和收买选票的行为以及富人公开逃税等问题。当然那些外部强加的并不适合当地条件的制度改革也存在很多问题。聪明的投资者能够判断出一些国家在纸上所说的拥有一些政策并不代表真正实施了这些政策，这就

---

① Chang 1998a.

意味着引入"国际标准"的制度实际上对吸引外来投资没有多大影响。

最后，只要国际发展政策机构能够影响我们对"好政策""好制度"的定义、阐述和提倡方式，那么讨论什么样的政策和制度应该被发展中国家采用仍然是有价值的事情。"要么遵循国际标准，要么毁灭"这种观点想当然地认为国际发展政策机构只会盲从国际投资者的喜好。实际上，国际发展政策机构能够，而且在更大程度上能有效地决定某些制度或政策被推行的力度。

第三点异议可能与笔者的观点不同。笔者特别关注制度发展问题，而第三点异议则认为，制度的"国际标准"大约从 20 世纪就已经存在，所以当今发展中国家不应当考虑当今发达国家在 100 年甚至 150 年前的发展模式。

笔者非常赞同上述观点。从某种程度上说，其他争论都是荒谬的。就人均收入而言，印度现在的发展水平与 1820 年的美国相近，但是这并不意味着当今的印度应该重新引入奴隶制、取消普选制、降低官僚制度的专业化程度、取消有限责任制、废除中央银行、取消所有税、废除竞争法等。

事实上，在很多方面，提升制度的国际标准对发展中国家来说是一件好事，或者至少对这些国家的制度改革者来说是一件好事。与以往当今发达国家的伙伴不同，当今发展中国家的改革者不必再为实现女性选举权、征收所得税、限制工作时长、社会福利制度等我们所知的文明政策而进行斗争。当今发展中国家的改革者也不用再去重新创建中央银行制度、有限责任制等，然而当今发达国家在早期发展阶段却经历了艰难的、人们不理解新制度的过程。

因此，发展中国家应当最大限度地利用后进者的优势，尽可能地达到制度发展的最高水平。而且正如本章前面已经提到的,当今发展中国家能达到较高的制度发展水平的真正原因是,它们在20世纪60~70年代采用了所谓的"坏政策",创造了比当今发达国家在可比发展阶段高得多的增长率。

然而笔者担心的是这一观点,即认为制度仅仅是一个选择的问题,所有国家都应该立即或是经过一个最短的过渡期迅速达到"最低国际标准"。虽然我们认同后进的发展中国家不必像当今发达国家过去那样耗费那么多时间去创建新制度,但是我们不应该忘记一些制度的建立要耗费当今发达国家几十年甚至几代人的时间,而且当今发达国家通常还要花几十年时间,通过提高管理水平、弥补制度漏洞、强化执行力度等措施去完善这些制度。我们还不应该忘记,与早期的当今发达国家相比,当今发展中国家已经具有了更高的制度发展水平,而且20世纪60~70年代的历史也证实了较高的制度发展水平对实现经济高速增长有积极影响。有鉴于此,要求当今发展中国家在短时间内大幅度提高制度质量也许是不合理的。

第五节 结语

为什么国际发展政策机构和当今发达国家没有推荐那些在过去几个世纪里被许多成功者运用过的政策呢?为什么它们试图在给当今发展中国家强加一些所谓的"最佳实践"的制度,而事实上这些制度并没有被当今发达国家在类似的发展阶段采用过。

为什么当今发达国家如此忽视自己的发展历史?是不是因为人们倾向于从当今知识和政治的角度来解释历史,却常常掩盖历史本来的面貌呢？正如历史多次发生的那样，当今发达国家是否认为，它们在发展阶段没有采用过的这些政策和制度，会对目前处在技术前沿的自己十分有利？简言之，当今发达国家是否试图"踢开梯子"，即它们强加给当今发展中国家的政策和制度并不是其发展过程中真正使用过的政策和制度？

本书讨论的正是当今发达国家正在做的。笔者认为，"踢开梯子"可能是出于善意（如果有误导的话）。一些当今发达国家的政策制定者和学者也许真的被误导了：因为他们自己的国家就是通过自由贸易政策和其他自由放任政策发展起来的，所以他们也希望当今发展中国家也能从这些政策中受益。但是，这些政策对发展中国家其实并没有好处。事实上，这甚至比赤裸裸的国家利益至上的"踢开梯子"更危险，因为自以为是要比自私自利更难应付。

无论"踢开梯子"背后真正的意图是什么，事实是，在过去约20年里这些所谓的"好政策"和"好制度"（在此期间，它们被国际发展政策机构推荐），没能给发展中国家带来所承诺的经济快速增长，反而导致许多发展中国家的经济没能增长。

那么，我们应该怎么做？制定一套详细的行动方案已经超出了本书的范畴，但是我们可以提出以下几点建议。

首先，我们应该更广泛地宣传当今发达国家的发展历史，这不仅是一个"得知历史真相的权利"的问题，而且也能让发展中国家选择真正适合他们的政策和制度。只有抛开历史神话以及理论家和政策制定者的抽象理论的误导，才能更好地理解政策和制度（尤其是制度）在经济发展中的作用。

更具体地说，就政策而言，发达国家和那些国际发展政策机构即使不鼓励，也应该允许当今发展中国家使用那些当今发达国家在早期发展阶段有效使用过的"坏政策"。诚然,积极的产业、贸易和技术政策可能滋生官僚主义和腐败现象,但这并不意味着不应该采用这些政策。毕竟,我们并没有因为开飞机存在坠机风险就不去开飞机,或者因为接种疫苗可能导致部分孩子死于过敏反应就放弃所有疫苗接种计划。

综上所述,我们需要一种制定国际发展政策的新途径,这与当今发达国家和国际发展政策机构所鼓吹的方法大不相同。

至于政策,笔者首先认为,要彻底改变国际货币基金组织、世界银行或者发达国家政府提供财政援助时附带的政策条件。这些政策条件的改变应建立在这样的基础上,即认识到:许多被认为是"坏"的政策实际上并不"坏",也不存在适用于每一个国家的"最佳实践"政策。另外,我们应该重写世界贸易组织规则和其他多边贸易协定,允许有效采用促进幼稚产业发展的政策工具(如关税和补贴政策)。

我们应当鼓励制度改革,尤其考虑到把真正的好政策和好制度结合起来才能产生巨大的发展潜力。但这并不是说要迫使所有国家都实行固定的英美发展模式。不论是在学术上还是在实践中,我们都需要更多的大胆尝试,在充分考虑一个国家所处的发展阶段及其经济、政治、社会甚至文化条件的基础上,探索哪些制度是必需的或有利的。必须注意不能要求发展中国家过快地提升制度水平,尤其是当我们考虑到相比过去处在相同发展阶段的当今发达国家,当今发展中国家已经具备了相当完善的制度,而且建立和运行新的制度的成本相当高。

允许发展中国家采用更适合它们发展阶段、更适合它们自身条件的政策和制度,能够使它们发展得更快,就像20世纪60~70年代那样。从长远来看,这不仅有利于发展中国家的发展,也有利于当今发达国家的发展，因为这可以增加贸易和投资机会。① 遗憾的是，当今发达国家并没能意识到这一点。用中国的一句经典格言来说，当今发达国家的做法是"因小失大"。我们应当再次思考，究竟什么样的政策和制度真正有助于当今发展中国家的快速发展，也能给当今发达国家带来更大的利益。

---

① 当然，这并不是说每个人都将从中受益。例如当今发达国家的一些工人会遭受不利影响，因为投资机会和生产活动从当今发达国家转向发展中国家。当然，如果有一种很恰当的内部收入转移机制，这种影响也不是很大。

参考文献

Abramovitz, M, 1986, 'Catching Up, Forging Ahead, and Falling Behind', *Journal of Economic History*, vol. 46, no. 2.
―――― 1989, 'Thinking about Growth', in *Thinking About Growth*, Cambridge, Cambridge University Press.
Agarwala, A N and Singh, S P, 1958, *The Economics of Underdevelopment*, Delhi, Oxford University Press.
Akyuz, Y, Chang, H J and Kozul-Wright, R, 1998, 'New Perspectives on East Asian Development', *Journal of Development Studies*, vol. 34, no. 6.
Allen, G C, 1981, *A Short Economics History of Modern Japan*, 4th edition, London and Basingstoke, Macmillan.
Amsden, A, 1989, *Asia's Next Giant*, New York, Oxford University Press.
―――― 2000, 'Industrialisation under New WTO Law', a paper presented at the UNCTAD X meeting, 12–19 February 2000, Bangkok, Thailand.
―――― 2001, *The Rise of 'The Rest' – Challenges to the West from Late-Industrialising Economies*, Oxford, Oxford University Press.
Amsden, A and Singh, A, 1994, 'The Optimal Degree of Competition and Dynamic Efficiency in Japan and Korea', *European Economic Review*, vol. 38, nos. 3, 4.
Amsler, C, Bartlett, R and Bolton, C, 1981, 'Thoughts of Some British Economists on Early Limited Liability and Corporate Legislation', *History of Political Economy*, vol. 13, no. 4.
Anderson, E and Anderson, P, 1978, 'Bureaucratic Institutionalisation in 19th Century Europe', in A Heidenheimer et al., 1978, eds., *Political Corruption: A Handbook*, New Brunswick, Transaction Publishers.
Armstrong, J, 1973, *The European Administrative Elite*, Princeton, Princeton University Press.
Armstrong, P, Glyn, A and Harrison, J, 1991, *Capitalism since 1945*, Oxford, Blackwell.
Aron, J, 2000, Growth and Institutions: A Review of the Evidence, *The World Bank Research Observer*, vol. 15, no. 1.

Atack, J and Passell, P, 1994, *A New Economic View of American History*, 2nd ed., New York, Norton.
Baack, B and Ray, E, 1985, 'Special Interests and the Adoption of the Income Tax in the United States', *Journal of Economic History*, vol. 45, no. 3.
Bairoch, P, 1993, *Economics and World History – Myths and Paradoxes*, Brighton, Wheatsheaf.
Balabkins, N, 1988, *Not by Theory Alone . . .: The Economics of Gustav von Schmoller and Its Legacy to America*, Berlin, Duncker and Humblot.
Banner, S, 1998, *Anglo-American Securities Regulation: Cultural and Political Roots, 1690–1860*, Cambridge, Cambridge University Press.
Bardhan, P, 1993, 'Symposium on Democracy and Development, *Journal of Economic Perspectives*, vol. 7, no. 3.
Basu, K, 1999a, 'Child Labor: Cause, Consequence and Cure with Remarks on International Labor Standards', *Journal of Economic Literature*, vol. 37, no. 3.
—— 1999b, 'International Labor Standards and Child Labor', *Challenge*, September/October 1999, vol. 42, no. 5.
Baudhuin, F, 1946, *Histoire Economique de la Belgique, 1914–39*, vol. 1, 2nd edition, Bruxelles, Etablissements Emile Bruylant.
Baumol, W, Wolff, E and Blackman, S, 1989, *Productivity and American Leadership*, Cambridge, Massachusetts, The MIT Press.
Benson, G, 1978, *Political Corruption in America*, Lexington, Lexington Books.
Berg, M, 1980, *The Machinery Question and the Making of Political Economy, 1815–1848*, Cambridge, Cambridge University Press.
Bhagwati, J, 1985, *Protectionism*, Cambridge, Massachusetts, The MIT Press.
—— 1998, 'The Global Age: From Skeptical South to a Fearful North', in *A Stream of Windows – Unsettling Reflections on Trade, Immigration, and Democracy*, Cambridge, Massachusetts, The MIT Press.
Bhagwati, J, and Hirsch, M, 1998, *The Uruguay Round and Beyond – Essays in Honour of Arthur Dunkel*, Ann Arbor, The University of Michigan Press.
Bils, M, 1984, 'Tariff Protection and Production in the Early US Cotton Textile Industry', *Journal of Economic History*, vol. 44, no. 4.
Biucchi, B, 1973, 'The Industrial Revolution in Switzerland', in C Cipolla, 1973, ed., *The Fontana Economic History of Europe, vol. 4: The Emergence of Industrial Societies – Part Two*, Glasgow, Collins.
Blackbourn, D, 1997, *The Fontana History of Germany, 1780–1918*, London, Fontana Press.
Blanpain, R, 1996, *Labour Law in Belgium*, Rotterdam, Kluwer Law International Publishers.
Blaug, M, 1958, 'The Classical Economists and the Factory Acts: A Re-examination', *Quarterly Journal of Economics*, vol. 72, no. 2.
Bohlin, J, 1999, 'Sweden: The Rise and Fall of the Swedish Model', in J Foreman-Peck and G Federico, eds., *European Industrial Policy – The Twentieth-Century Experience*, Oxford, Oxford University Press.

Bollen, K, 1995, 'Measuring Democracy', *The Encyclopaedia of Democracy*, London, Routledge.

Bonney, R, 1995, *Economic Systems and State Finance*, Oxford, Clarendon Press.

Borit, G, 1966, 'Old Wine Into New Bottles: Abraham Lincoln and the Tariff Reconsidered', *The Historian*, vol. 28, no. 2.

Boxer, C, 1965, *The Dutch Seaborne Empire, 1600–1800*, London, Hutchinson.

Briggs, R, 1998, *Early Modern France 1560–1715*, 2nd ed., Oxford, Oxford University Press.

Brisco, N, 1907, *The Economic Policy of Robert Walpole*, New York, The Columbia University Press.

Brogan, H, 1985, *The Penguin History of the United States of America*, London, Penguin.

Bruck, W, 1962, *Social and Economic History of Germany from William II to Hitler, 1888–1938*, New York, Russell and Russell.

Bruland, K, 1991, ed., *Technology Transfer and Scandinavian Industrialisation*, New York, Berg.

Bury, J, 1964, *Napoleon III and the Second Empire*, London, The English University Presses Ltd.

Cairncross, F and Cairncross, A, 1992, eds., *The Legacy of the Golden Age – The 1960s and Their Economic Consequences*, London, Routledge.

—— 1953, 'The Crédit Mobilier and the Economic Development of Europe', *Journal of Political Economy*, vol. 61, no. 6.

Cameron, R, 1993, *A Concise Economic History of the World*, 2nd ed., Oxford, Oxford University Press.

Carr, R, 1980, *Modern Spain, 1875–1980*, Oxford, Oxford University Press.

Carruthers, B, 2000, 'Institutionalising Creative Destruction: Predictable and Transparent Bankruptcy Law in the Wake of the East Asian Financial Crisis', a paper presented at the UNRISD (United Nations Research Institute for Social Development) conference, 'Neoliberalism and Institutional Reform in East Asia', 12–13 May 2000, Bangkok, Thailand.

Carruthers, B and Halliday, T, 1998, *Rescuing Business – The Making of Corporate Bankruptcy Law in England and the United States*, Oxford, Oxford University Press.

Carson, C, 1991, 'Income Tax', in E Foner and J Garraty, 1991, eds., *The Reader's Companion to American History*, Boston, Houghton Mifflin Company.

Chang, H-J, 1993, 'The Political Economy of Industrial Policy in Korea', *Cambridge Journal of Economics*, vol. 17, no. 2.

—— 1994, *The Political Economy of Industrial Policy*, London, Macmillan Press.

—— 1997, 'Luxury Consumption and Economic Development', a report prepared for UNCTAD, *Trade and Development Report, 1997*.

—— 1998a, 'Globalisation, Transnational Corporations, and Economic Development', in D Baker, G Epstein, and R Pollin, 1998, eds., *Globalisation and Progressive Economic Policy*, Cambridge, Cambridge University Press.

——— 1998b, Korea – The Misunderstood Crisis, *World Development*, vol. 26, no. 8.

——— 2000, 'The Hazard of Moral Hazard – Untangling the Asian Crisis', *World Development*, vol. 28, no. 4.

——— 2001a, 'Intellectual Property Rights and Economic Development – Historical Lessons and Emerging Issues', *Journal of Human Development*, vol. 2, no. 2.

——— 2001b. 'Rethinking East Asian Industrial Policy – Past Records and Future Prospects', in P-K Wong and C-Y Ng, eds., *Industrial Policy, Innovation and Economic Growth: The Experience of Japan and the Asian NIEs*, Singapore, Singapore University Press.

——— forthcoming (2002), 'Breaking the Mould – An Institutionalist Political Economy Alternative to the Neo-Liberal Theory of the Market and the State', *Cambridge Journal of Economics*, vol. 26, no. 5.

Chang, H-J and Cheema, A, 2002, 'Economic, Political and Institutional Conditions for Effective Technology Policy in Developing Countries', *Journal of Economic Innovation and New Technology*.

Chang, H-J, and Kozul-Wright, R, 1994, 'Organising Development: Comparing the National Systems of Entrepreneurship in Sweden and South Korea', *Journal of Development Studies*, vol. 30, no. 4.

Chang, H-J, Park, H-J and Yoo, C G, 1998, 'Interpreting the Korean Crisis: Financial Liberalisation, Industrial Policy, and Corporate', *Cambridge Journal of Economics*, vol. 22, no. 6.

Chang, H-J and Rowthorn, B, 1995, eds., *The Role of the State in Economic Change*, Oxford, Oxford University Press.

Chang, H-J and Singh A, 1993, 'Public Enterprises in Developing Countries and Economic Efficiency – A Critical Examination of Analytical, Empirical, and Policy Issues', *UNCTAD Review*, no. 4.

Clark, M, 1996, *Modern Italy, 1871–1995*, 2nd ed., London and New York, Longman.

Clarke, P, 1999, 'Joseph Chamberlain: The First Modern Politician', in *A Question of Leadership – From Gladstone to Blair*, London, Penguin Books.

Cochran, T and Miller, W, 1942, *The Age of Enterprise: A Social History of Industrial America*, New York, The Macmillan Company.

Cohen, S, 1977, *Modern Capitalist Planning: The French Model*, 2nd edition, Berkeley, University of California Press.

Coleman, P, 1974, *Debtors and Creditors in America*, Madison, State Historical Society of Wisconsin.

Conkin, P, 1980, *Prophets of Prosperity: America's First Political Economists*, Bloomington, Indiana University Press.

Corden, M, 1974, *Trade Policy and Economic Welfare*, Oxford, Oxford University Press.

Cornish, W, 1979, 'Legal Control over Cartels and Monopolisation, 1880–1914: A

Comparison', in N Horn and J Kocka, 1979, eds., *Law and the Formation of Big Enterprises in the 19th and the Early 20th Centuries*, Göttingen, Vandenhoeck and Ruprecht.

Cottrell, P, 1980, *Industrial Finance, 1830–1914*, London, Methuen.

Cox, A, 1986, *State, Finance, and Industry in Comparative Perspective*, Brighton, Wheatsheaf Books.

Crafts, N, 2000, 'Institutional Quality and European Development before and after the Industrial Revolution', a paper prepared for World Bank Summer Research Workshop on Market Institutions, 17–19 July 2000, Washington, DC.

Crouzet, F, 1967, 'England and France in the 18th Century: A Comparative Analysis of Two Economic Growths', as reprinted in P K O'Brien, 1994, ed., *The Industrial Revolution in Europe, vol. 2*, Oxford, Blackwells.

Dahl, B, 1981, 'Antitrust, Unfair Competition, Marketing Practices, and Consumer Law', in H Gammeltoft-Hansen, B Gomard and A Phillips, 1981, eds., *Danish Law: A General Survey*, Copenhagen, GEC Gads Publishing House.

Daunton, M, 1998, *Progress and Poverty*, Oxford, Oxford University Press.

Davids, K, 1995, 'Openness or Secrecy? – Industrial Espionage in the Dutch Republic', *The Journal of European Economic History*, vol. 24, no. 2.

Davies, N, 1999, *The Isles – A History*, London and Basingstoke, Macmillan.

Davis, R, 1966, 'The Rise of Protection in England, 1689–1786', *Economic History Review*, vol. 19, no. 2.

De Clercq, W, 1998, 'The End of History for Free Trade?', in J Bhagwati and M Hirsch, 1998, eds., *The Uruguay Round and Beyond – Essays in Honour of Arthur Dunkel*, Ann Arbor, The University of Michigan Press.

De Soto, H, 2000, *The Mystery of Capital*, London, Bantam Books.

De Vries, J, 1984, 'The Decline and Rise of the Dutch Economy, 1675–1900', *Research in Economic History*, Supplement 3.

De Vries, J and Van der Woude, A, 1997, *The First Modern Economy – Success, Failure, and Perseverance of the Dutch Economy, 1500–1815*, Cambridge, Cambridge University Press.

Deane, P, 1979, *The First Industrial Revolution*, 2nd ed., Cambridge, Cambridge University Press.

Dechesne, L, 1932, *Histoire Economique et Sociale de la Belgique depuis les Origines jusqu'en 1914*, Paris, Librairie du Recueil Sirey.

Defoe, D, 1728, *A Plan of the English Commerce*, published by C Rivington: repr. Basil Blackwell, Oxford, 1928.

Dhondt, J and Bruwier, M, 1973, 'The Low Countries' in C Cipolla, 1973, ed., *The Fontana Economic History of Europe, vol. 4: The Emergence of Industrial Societies – Part One*, Glasgow, Collins.

di John, J and Putzel, J, 2000, 'State Capacity Building, Taxation, and Resource Mobilisation in Historical Perspective', a paper presented at the conference, 'New Institutional Economics, Institutional Reform, and Poverty Reduction',

7–8 September 2000, Development Studies Institute, London School of Economics and Political Science.

Doi, T, 1980, *The Intellectual Property Law of Japan*, The Netherlands, Sijthoff and Noordhoff.

Dore, R, 1986, *Flexible Rigidities: Industrial Policy and Structural Adjustment in the Japanese Economy 1970–80*, London, The Athlone Press.

—— 2000, *Stock Market Capitalism: Welfare Capitalism – Japan and Germany versus the Anglo-Saxons*, Oxford, Oxford University Press.

Dorfman, J, 1955, 'The Role of the German Historical School in American Economic Thought', *American Economic Review*, vol. 45, no. 1.

Dorfman, J and Tugwell, R, 1960, *Early American Policy – Six Columbia Contributors*, New York, Columbia University Press.

Dormois, J-P, 1999, 'France: The Idiosyncrasies of *Volontarisme*', in J Foreman-Peck and G Federico, 1999, eds., *European Industrial Policy – The Twentieth-Century Experience*, Oxford, Oxford University Press.

Dorwart, R, 1953, *The Administrative Reforms of Frederick William I of Prussia*, Cambridge, MA Harvard University Press.

Duffy, I, 1985, *Bankruptcy and Insolvency in London during the Industrial Revolution*, New York, Garland Publishing.

Edquist, C and Lundvall, B-A, 1993, 'Comparing the Danish and Swedish Systems of Innovation', in R Nelson, 1993, ed., *National Innovation Systems*, New York, Oxford University Press.

Edwards, J, 1981, *Company Legislation and Changing Patterns of Disclosure in British Company Accounts, 1900–1940*, London, Institute of Chartered Accountants in England and Wales.

Elections since 1945, London, Longman.

Elkins, S and McKitrick, E, 1993, *The Age of Federalism*, New York and Oxford, Oxford University Press.

Elton, G, 1997, *England Under the Tudors*, London, The Folio Society.

Engerman, S, 2001, 'The History and Political Economy of International Labour Standards', mimeo., Department of Economics, University of Rochester.

Engerman, S and Sokoloff, K, 2000, 'Technology and Industrialisation, 1790–1914', in S Engerman and R Gallman, 2000, eds., *The Cambridge Economic History of the United States, vol. 2: The Long Nineteenth Century*, Cambridge, Cambridge University Press.

Evans, P, 1995, *Embedded Autonomy – States and Industrial Transformation*, Princeton, Princeton University Press.

Falkus, M, 1968, ed., *Readings in the History of Economic Growth – A Study of Successful and Promising Beginnings, of Special Relevance for Students in Underdeveloped Countries*, Nairobi, Oxford University Press.

Fei, J and Ranis, G, 1969, 'Economic Development in Historical Perspective', *American Economic Review*, vol. 59, no. 2.

Feuchtwanger, E, 1970, *Prussia: Myth and Reality – The Role of Prussia in German History*, London, Oswald Wolff.

Fielden, K, 1969, 'The Rise and Fall of Free Trade' in C Bartlett, 1969, ed., *Britain Pre-eminent: Studies in British World Influence in the Nineteenth Century*, London, Macmillan.

Finer, S, 1989, 'Patronage and Public Service in Britain and America' in A Heidenheimer et al., 1989, eds., *Political Corruption: A Handbook*, New Brunswick, Transaction Publishers.

Fohlen, C, 1973, 'France' in C Cipolla, 1973, ed., *The Fontana Economic History of Europe, vol. 4: The Emergence of Industrial Societies-Part One*, Glasgow, Collins.

Foner, E, 1998, *The Story of American Freedom*, New York, WW Norton and Company.

Fransman, M and King, K, 1984, *Technological Capability in the Third World*, London and Basingstoke, Macmillan.

Frayssé, O, 1994, *Lincoln, Land, and Labour*, trans. S Neely from the original French edition published in 1988 by Paris, Publications de la Sorbonne, Urbana and Chicago, University of Illinois Press.

Freeman, C, 1989, 'New Technology and Catching-Up', *European Journal of Development Research*, vol. 1, no. 1.

Gallagher, J and Robinson, R, 1953, 'The Imperialism of Free Trade', *Economic History Review*, vol. 6, no. 1.

Garraty, J and Carnes, M, 2000, *The American Nation – A History of the United States*, 10th edition, New York, Addison Wesley Longman.

Geisst, C, 1997, *Wall Street: A History*, Oxford, Oxford University Press.

Gerber, D, 1998, *Law and Competition in the 20th Century Europe*, Oxford, Clarendon Press.

Gerschenkron, A, 1962, *Economic Backwardness in Historical Perspective*, Cambridge, MA, Harvard University Press.

Gillman, M and Eade, T, 1995, 'The Development of the Corporation in England, with emphasis on Limited Liability', *International Journal of Social Economics*, vol. 22, no. 4.

Glasgow, G, 1999, 'The Election of County Coroners in England and Wales, c. 1800–1888', *Legal History*, vol. 20, no. 3.

Gothelf, R, 2000, 'Frederick William I and the Beginning of Prussian Absolutism, 1713–1740 (chapter 2)', in P Dwyer, 2000, ed., *The Rise of Prussia, 1700–1830*, Harlow, Longman.

Grabel, I, 2000, 'The Political Economy of 'Policy Credibility': The New-classical Macroeconomics and the Remaking of Emerging Economies', *Cambridge Journal of Economics*, vol. 24, no. 1.

Gunn, S, 1995, *Early Tudor Government, 1485–1558*, Basingstoke, Macmillan.

Gustavson, C, 1986, *The Small Giant: Sweden Enters the Industrial Era*, Athens, OH, Ohio State University Press.

参考文献 193

Hadenius, S, Nilsson, T and Aselius, G, 1996, *Sveriges Historia*, Stockholm, Bonnier Alba.

Hall, P, 1986, *Governing the Economy – The Politics of State Intervention in Britain and France*, Cambridge, Polity Press.

Hammond, J and Hammond, B, 1995, *The Town Labourer*, Oxford, Alan Sutton Publishing.

Hannah, L, 1979, 'Mergers, Cartels, and Cartelisation: Legal Factors in the US and European Experience', in N Horn and J Kocka, 1979, eds., *Law and the Formation of Big Enterprises in the 19th and the Early 20th Centuries*, Göttingen, Vandenhoeck and Ruprecht.

Harnetty, P, 1972, *Imperialism and Free Trade: Lancashire and India in the Mid-Nineteenth Century*, Vancouver, University of British Columbia Press.

Heckscher, E, 1954, *An Economic History of Sweden*, Cambridge, MA, Harvard University Press.

Helleiner, E, 2001, 'The South Side of Embedded Liberalism: The Politics of Postwar Monetary Policy in the Third World', mimeo., Department of Political Science, Trent University, Canada.

Henderson, W, 1963, *Studies in the Economic Policy of Frederick the Great*, London, Frank Cass and Co., Ltd.

——— 1972, *Britain and Industrial Europe, 1750–1870*, 3rd edition, Leicester, Leicester University Press.

——— 1983, *Friedrich List – Economist and Visionary, 1789–1846*, London, Frank Cass.

Hens, L and Solar, P, 1999, 'Belgium: Liberalism by Default in Model', in J Foreman-Peck and G Federico, 1999, eds., *European Industrial Policy – The Twentieth-Century Experience*, Oxford, Oxford University Press.

Hirschman, A, 1958, *The Strategy of Economic Development*, New Haven, Yale University Press.

Hobsbawm, E, 1999, *Industry and Empire*, new edition, London, Penguin Books.

Hodgson, G, 2001, *How Economics Forgot History: The Problem of Historical Specificity in Social Science*, London, Routledge.

Hodne, F, 1981, *Norge Økonomiske Historie, 1815–1970*, Oslo, JW Cappelen Forlag.

Hood, C, 1995, 'Emerging Issues in Public Administration', *Public Administration*, vol. 73, Spring 1995.

——— 1998, *The Art of the State: Culture, Rhetoric and Public Management*, Oxford, Clarendon Press.

Hoppit, J, 1987, *Risk and Failure in English Business, 1700–1800*, Cambridge, Cambridge University Press.

Hou, C-M and Gee, S, 1993, 'National Systems Supporting Technical Advance in Industry: The Case of Taiwan', in R Nelson, 1993, ed., *National Innovation Systems*, New York, Oxford University Press.

Howe, J, 1979–80, 'Corruption in British Elections in the Early 20th Century', *Midland History*, vol. V.

Hughes, O, 1994, *Public Management and Administration*, New York, St. Martin's Press.
Hutchison, T, 1988, 'Gustav Schmoller and the Problem of Today', *Journal of Institutional and Theoretical Economics*, vol. 144, no. 3.
Hutton, W, 1995, *The State We're In*, London, Jonathan Cape Ltd.
Irwin, D, 1993, 'Free Trade and Protection in Nineteenth-Century Britain and France Revisited: A Comment on Nye', *Journal of Economic History*, vol. 53, no. 1.
Irwin, D and Temin, P, 2000, 'The Antebellum Tariff on Cotton Textiles Revisited', mimeo., Cambridge, MA, National Bureau of Economic Research.
Johnson, C, 1982, *The MITI and the Japanese Miracle*, Stanford, Stanford University Press.
────── 1984, ed., *The Industrial Policy Debate*, San Francisco, Institute for Contemporary Studies.
Jonker, J, 1997, 'The Alternative Road to Modernity: Banking and Currency, 1814–1914', in M T Hart, J Jonker, J van Zanden, 1997, eds., *A Financial History of The Netherlands*, Cambridge, Cambridge University Press.
Kaplan, A, 1931, *Henry Charles Carey – A Study in American Economic Thought*, Baltimorie, The Johns Hopkins Press.
Kapur, D and Webber, R, 2000, 'Governance-related Conditionalities of the IFIs', G-24 Discussion Paper Series, no. 6, Geneva, UNCTAD.
Kaufmann, D, Kraay, A and Zoido-Lobaton, P, 1999, 'Governance Matters', Policy Research Working Paper, no. 2196, Washington, DC, World Bank.
Kennedy, W, 1987, *Industrial Structure, Capital Markets, and the Origins of British Economic Decline*, Cambridge, Cambridge University Press.
Kent, S, 1939, *Electoral Procedure under Louis Philippe*, New Haven, Yale University Press.
Kim, L, 1993, 'National System of Industrial Innovation: Dynamics of Capability Building in Korea', in R Nelson, 1993, ed., *National Innovation Systems*, New York, Oxford University Press.
Kindleberger, C, 1958, *Economic Development*, New York, McGraw-Hill.
────── 1964, *Economic Growth in France and Britain, 1851–1950*, Cambridge, MA, Harvard University Press.
────── 1975, 'The Rise of Free Trade in Western Europe, 1820–1875', *Journal of Economic History*, vol. 35, no. 1.
────── 1978, 'Germany's Overtaking of England, 1806 to 1914', in *Economic Response: Comparative Studies in Trade, Finance, and Growth*, Cambridge, MA, Harvard University Press.
────── 1984, *A Financial History of Western Europe*, Oxford, Oxford University Press.
────── 1990a, 'Commercial Policy between the Wars', in *Historical Economics*, Hemel Hempstead, Harvester Wheatsheaf.
────── 1990b, 'America in Decline? – Possible Parallels and Consequences', in *Historical Economics*, Hemel Hempstead, Harvester Wheatsheaf.

―――― 1996, *World Economic Primacy: 1500 to 1990*, New York, Oxford University Press.
Korpi, W, 1983, *The Democratic Class Struggle*, London, Routledge and Kegan Paul.
Kossmann, E, 1978, *The Low Countries, 1780—1940*, Oxford, Clarendon Press.
Kozul-Wright, R, 1995, 'The Myth of Anglo-Saxon Capitalism: Reconstructing the History of the American State', in H-J Chang and R Rowthorn, 1995, eds., *Role of the State in Economic Change*, Oxford, Oxford University Press.
Kravis, I, 1970, 'Trade as a Handmaiden of Growth: Similarities between the Nineteenth and Twentieth Centuries', *Economic Journal*, vol. 80, no. 6.
Kruezer, M, 1996, 'Democratisation and Changing Methods of Electoral Corruption in France from 1815 to 1914', in W Little and E Posada-Carbo, 1996, ed., *Political Corruption in Europe and Latin America*, London and Basingstoke, Macmillan.
Kruman, M, 1991, 'Suffrage', in E Foner and J Garraty, 1991, eds., *The Reader's Companion to American History*, Boston, Houghton Mifflin Company.
Kuisel, R, 1981, *Capitalism and the State in Modern France*, Cambridge, Cambridge University Press.
Kuznets, S, 1965, *Economic Growth and Structure*, London, Heinemann Educational Books.
Kuznets, S, 1973, *Population, Capital, and Growth – Selected Essays*, London, Heinemann Educational Books.
Lall, S, 1992, 'Technological Capabilities and Industrialisation', *World Development*, vol. 20, no. 2.
―――― 1994, 'Does the Bell Toll for Industrial Policy?', *World Development*, vol. 22, no. 4.
Lall, S and Teubal, M, 1998, 'Market stimulating Technology Policies in Developing Countries: A Framework with Examples from East Asia', *World Development*, vol. 26, no. 8.
Lamoreaux, N, 1996, *Insider Lending*, Cambridge, Cambridge University Press.
Landes, D, 1965, 'Japan and Europe: Contrasts in Industrialistion', in W Lockwood, 1965, ed., *The State and Economic Enterprise in Japan*, Princeton, Princeton University Press.
―――― 1969, *The Unbound Prometheus – Technological Change and Industrial Development in Western Europe from 1750 to the Present*, Cambridge, Cambridge University Press.
―――― 1998, *The Wealth and Poverty of Nations*, New York, WW Norton and Company.
Larsson, M, 1993, *En Svensk Ekonomisk Historia, 1850–1985*, 2nd edition, Stockholm, SNS Fölag.
Lee, J, 1978, 'Labour in German Industrialisation', in P Mathias and M Postan, 1978, eds., *Cambridge Economic History of Europe, vol. II*, Cambridge, Cambridge University Press.

Lewis, WA, 1955, *Theory of Economic Growth*, London, George Allen and Unwin Ltd.

—— 1980, 'The Slowing Down of the Engine of Growth', *American Economic Review*, vol. 70, no. 4.

Linz, J, 1995, 'Spain', *The Encyclopaedia of Democracy*, London, Routledge.

Lipsey, R, 2000, 'US Foreign Trade and the Balance of Payments', in S Engerman and R Gallman, 2000, eds., *The Cambridge Economic History of the United States, vol. 2: The Long Nineteenth Century*, Cambridge, Cambridge University Press.

List, F, 1885, *The National System of Political Economy*, translated from the original German edition published in 1841 by Sampson Lloyd, London, Longmans, Green, and Company.

Little, I, Scitovsky, T and Scott, M, 1970, *Industry in Trade in Some Developing Countries – A Comparative Study*, London, Oxford University Press.

LO (Landsorganisationen i Sverige), 1963, *Economic Expansion and Structural Change*, ed. and trans. T Johnston, London, George Allen and Unwin.

Luedde-Neurath, R, 1986, *Import Controls and Export-Oriented Development; A Reassessment of the South Korean Case*, Boulder and London, Westview Press.

Luthin, R, 1944, Abraham Lincoln and the Tariff, *The American Historical Review*, vol. 49, no. 4.

Machlup, F and Penrose, E, 1950, 'The Patent Controversy in the Nineteenth Century, *Journal of Economic History*, vol. 10, no. 1.

Maddison, A, 1989, *The World Economy in the 20th Century*, Paris, OECD.

—— 1995, *Monitoring the World Economy*, Paris, OECD.

Magone, J, 1997, *European Portugal: The Difficult Road to Sustainable Democracy*, London, Macmillan Press.

Marglin, S and Schor, J, 1990, eds., *The Golden Age of Capitalism*, Oxford, Oxford University Press.

Marriner, S, 1980, 'English Bankruptcy Records and Statistics before 1850', *Economic History Review*, vol. 33, no. 3.

Marx, K, 1976, *Capital, vol. 1*, London, Penguin Books.

Mata, E, 1987, *Pobreza y Asistencia Social en España, siglos XVI al XX: Aproximación Histórica*, Valladolid, Secretriado de Publicaciones Universidad de Valladolid.

Mata, E and Valerio, N, 1994, *Historia Economica de Portugal: Uma Perspectiva Global*, Lisbon, Editorial Presenca.

Mathias, P, 1969, *The First Industrial Nation*, London, Methuen and Co.

McCusker, J, 1996, 'British Mercantilist Policies and the American Colonies', in S Engerman and R Gallman, 1996, eds., *The Cambridge Economic History of the United States, vol. 1: The Colonial Era*, Cambridge, Cambridge University Press.

McLeod, C, 1988, *Inventing the Industrial Revolution: the English Patent System, 1660–1800*, Cambridge, Cambridge University Press.

McPherson, W J, 1987, *The Economic Development of Japan, 1868–1941*, London and Basingstoke, Macmillan Press (Cambridge University Press edition, 1995).
Mercer, H, 1995, *Constructing a Competitive Order: The Hidden History of British Antitrust Policy*, Cambridge, Cambridge University Press.
Milward, A and Saul, S, 1979, *The Economic Development of Continental Europe, 1780–1870*, 2nd edition, London, George Allen and Unwin.
—— 1977, *The Development of the Economies of Continental Europe, 1850–1914*, London, George Allen and Unwin.
Montgomery, G, 1939, *The Rise of Modern Industry in Sweden*, London, P S King and Son Ltd.
Mørch, S, 1982, *Den Ny Danmarkshistorie: 1880–1960*, Copenhagen, Gyldendal.
Morishima, M, 1982, *Why Has Japan Succeeded?*, Cambridge, Cambridge University Press.
Mowery, D and Rosenberg, N, 1993, 'The US National Innovation System', in R Nelson, 1993, ed., *National Innovation Systems – A Comparative Analysis*, Oxford, Oxford University Press.
Munn, C, 1981, 'Scottish Provincial Banking Companies: An Assessment', *Business History*, vol. 23.
Musson, A, 1978, *The Growth of British Industry*, London, BT Batsford Ltd..
National Law Centre for Inter-American Free Trade, 1997, 'Strong Intellectual Property Protection Benefits the Developing Countries', http://www.natlaw.com/pubs/spmxip11.htm.
Nerbørvik, J, 1986, *Norsk Historie, 1870–1905: Frå jordbrukssamfunn mot organisasjonssamfunn*, Oslo, Det Norske Samlaget.
Newton, M and Donaghy, P, 1997, *Institutions of Modern Spain: A Political and Economic Guide*, Cambridge, Cambridge University Press.
North, D, 1965, 'Industrialisation in the United States', in H Habakkuk and M Postan, 1965, eds., *The Cambridge Economic History of Europe, vol. VI. The Industrial Revolutions and After: Incomes, Population and Technological Change (II)*, Cambridge, Cambridge University Press.
Nye, J, 1991, 'The Myth of Free-Trade Britain and Fortress France: Tariffs and Trade in the Nineteenth Century', *Journal of Economic History*, vol. 51. no. 1.
—— 1993, 'Reply to Irwin on Free Trade', *Journal of Economic History*, vol. 53, no. 1.
O'Leary, C, 1962, *The Elimination of Corrupt Practices in British Elections, 1868–1911*, Oxford, Clarendon Press.
O'Rourke, K, 2000, 'Tariffs and Growth in the Late 19th Century', *Economic Journal*, vol. 110, no. 4.
O'Rourke, K and Williamson, J, 1999, *Globalisation and History: The Evolution of Nineteenth-Century Atlantic Economy*, Cambridge, MA, The MIT Press.
Ocampo, J 2001, 'Rethinking the Development Agenda', a paper presented at the American Economic Association annual meeting, 5–7 January 2001, New Orleans, USA.

Ohnesorge, J. 2000, 'Asia's Legal Systems in the Wake of the Financial Crisis: Can the Rule of Law Carry any of the Weight?', a paper presented at the UNRISD (United Nations Research Institute for Social Development) conference on 'Neoliberalism and Institutional Reform in East Asia', 12–14 May, 2000, Bangkok.

Owen, G, 1966, *Industry in the USA*, London, Penguin Books.

Palacio, V, 1988, *Manual de Historia de España 4: Edad Contemporánea I (1808–1898)*, 2nd edition, Madrid, Espasa Calpe.

Patel, S, 1989, 'Intellectual Property Rights in the Uruguay Round – A Disaster for the South?', *Economic and Political Weekly*, 6 May 1989.

Pekkarinen, J, Pohjola, M and Rowthorn, B, 1992, eds., *Learning from Corporatist Experiences*, Oxford, Clarendon Press.

Pennington, R, 1990, *The Law of the Investment Markets*, Oxford, Basil Blackwell.

Penrose, E, 1951, *The Economics of the International Patent System*, Baltimore, The Johns Hopkins Press.

Perelman, M, 2000, *The Invention of Capitalism – Classical Political Economy and the Secret History of Primitive Accumulation*, Durham, NC Duke University Press.

Pérez, S, 1997, *Banking on Privilege: The Politics of Spanish Financial Reform*, Ithaca, NY, Cornell University Press.

Pierson, C, 1998, *Beyond the Welfare State – The New Political Economy of Welfare*, 2nd edition, Cambridge, Polity Press.

Plessis A, 1994, 'The History of Banks in France', in M Pohl, ed., *Handbook of the History of European Banks*, Aldershot, Edward Elgar.

Polanyi, K, 1957 (1944), *The Great Transformation*, Boston, Beacon Press.

Pomeranz, K, 2000, *The Great Divergence – China, Europe and the Making of the Modern Western Europe*, Princeton, Princeton University Press.

Pontusson, J, 1992, *The Limits of Social Democracy – Investment Politics in Sweden*, Ithaca, NY, Cornell University Press.

Pryser, T, 1985, *Norsk Historie, 1800–1870: Frå standssamfunn mot dlassesamfunn*, Oslo, Det Norske Samlaget.

Przeworkski, A and Limongi, F, 1993, 'Political Regimes and Economic Growth', *Journal of Economic Perspectives*, vol. 7, no. 3.

Ramsay, GD, 1982, *The English Woollen Industry, 1500–1750*, London and Basingstoke, Macmillan.

Rauch, J and Evans, P, 2000, 'Bureaucratic Structure and Bureaucratic Performance in Less Developed Countries', *Journal of Public Economics*, vol. 75, no. 1.

Reinert, E, 1995, 'Competitiveness and Its Predecessors – a 500-year Cross-national Perspective', *Structural Change and Economic Dynamics*, vol. 6, no. 1.

―――― 1996, 'Diminishing Returns and Economic Sustainability: The Dilemma of Resource-based Economies under a Free Trade Regime', in H

Stein et al., eds., *International Trade Regulation, National Development Strategies and the Environment – Towards Sustainable Development?*, Centre for Development and the Environment, University of Oslo.
────── 1998, 'Raw Materials in the History of Economic Policy – Or why List (the protectionist) and Cobden (the free trader) both agreed on free trade in corn', in G Cook, 1998, ed., *The Economics and Politics of International Trade – Freedom and Trade, vol. 2*, London, Routledge.
Rodrik, D, 1999, 'Institutions for High-Quality Growth: What They Are and How to Acquire Them', a paper prepared for the IMF conference on Second-Generation Reform, Washington, DC, 8–9 November 1999.
Rosenberg, N and Birdzell, L, 1986, *How the West Grew Rich*, London, IB Tauris and Co. Ltd.
Rosenstein-Rodan, P, 1943, 'Problems of Industrialisation of Eastern and South-Eastern Europe', *Economic Journal*, vol. 53, no. 3.
Rostow, WW, 1960, *The Stages of Economic Growth*, Cambridge, Cambridge University Press.
Rueschemeyer, D, Stephens, E and Stephens, J, 1992, *Capitalist Development and Democracy*, Cambridge, Polity Press.
Ruggiero, R, 1998, 'Whither the Trade System Next?', in J Bhagwati and M Hirsch, 1998 eds., *The Uruguay Round and Beyond – Essays in Honour of Arthur Dunkel*, Ann Arbor, The University of Michigan Press.
Sachs, J and Warner, A, 1995, 'Economic Reform and the Process of Global Integration', *Brookings Papers on Economic Activity*, 1995, no. 1.
Samuelsson, K, 1968, *From Great Power to Welfare State*, London, Allen and Unwin.
Schiff, E, 1971, *Industrialisation without National Patents – the Netherlands, 1869–1912 and Switzerland, 1850–1907*, Princeton, Princeton University Press.
Searle, G, 1987, *Corruption in British Politics, 1895–1930*, Oxford, Clarendon Press.
Semmel, B, 1970, *The Rise of Free Trade Imperialism: Classical Political Economy, the Empire of Free Trade, and Imperialism, 1750–1850*, Cambridge, Cambridge University Press.
Senghaas, D, 1985, *The European Experience – A Historical Critique of Development Theory*, translated from the original German edition published in 1982 by KHK Kimmig, Leamington Spa, Berg Publishers.
Serrao, J, 1979, *Historia de Portugal, vol. 9*, Lisbon, Editorial VERBO.
Shafaeddin, M, 2000, 'What did Frederick List Actually Say? – Some Clarifications on the Infant Industry Argument', Discussion Paper, no. 149, Geneva, UNCTAD.
Shapiro, H and Taylor, L, 1990, 'The State and Industrial Strategy', *World Development*, vol. 18, no. 6.
Shin, K, 1994, *An International Comparison of Competition Policy: USA, Japan, and Germany* (in Korean), Seoul, Korea Development Institute.
Shonfield, A, 1965, *Modern Capitalism*, Oxford, Oxford University Press.

Silbey, J, 1995, 'United States of America', *The Encyclopaedia of Democracy*, London, Routledge.

Singh, A, 1994, "Openness' and the 'Market-friendly' Approach to Development: Learning the Right Lessons from Development Experience', *World Development*, vol. 22, no. 12.

—— 1997, 'Financial Liberalisation, the Stockmarket and Economic Development', *Economic Journal*, vol. 107, no. 442.

Singh, A and Dhumale, R, 1999, 'Competition Policy, Development, and Developing Countries', T.R.A.D.E. Working Paper, no. 7, Geneva, South Centre.

Smith, A, 1937 [1776], *An Inquiry into the Nature and Causes of the Wealth of Nations*, edited with an introduction, notes, marginal summary and an enlarged index by Edwin Cannan, with an introduction by Max Lerner, originally published in 1776, New York, Random House.

Smith, T, 1955, *Political Change and Industrial Development in Japan: Government Enterprise, 1868–1880*, Stanford, Stanford University Press.

Sokoloff, K and Kahn, BZ, 2000, 'Intellectual Property Institutions in the United States: Early Development and Comparative Perspective', a paper prepared for World Bank Summer Research Workshop on Market Institutions, 17–19 July 2000, Washington, DC.

Soto, A, 1989, *El Trabajo Industrial en la España Contemporánea, 1874–1936*, Barcelona, Editorial Anthropos.

Spiegel, H, 1971, *The Growth of Economic Thought*, Englewood Cliffs, NJ, Prentice Hall.

Stiglitz, J, 1996, 'Some Lessons from the East Asian Miracle', *World Bank Research Observer*, August, 1996.

—— 2001a, 'More Instruments and Broader Goals: Moving Toward the Post-Washington Consensus', in H-J Chang, 2001, ed., *The Rebel Within: Joseph Stiglitz at the World Bank*, London, Anthem Press.

—— 2001b, 'Whither Reform? – Ten Years of the Transition', in H-J Chang, 2001, ed., *The Rebel Within: Joseph Stiglitz at the World Bank*, London, Anthem Press.

Supple, B, 1963, ed., *The Experience of Economic Growth*, New York, Random House.

'T Hart, M, 1997, 'The Merits of a Financial Revolution: Public Finance, 1550–1700', in M 'T Hart, J Jonker, J van Zanden, 1997, eds., *A Financial History of The Netherlands*, Cambridge, Cambridge University Press.

'T Hart, M, Jonker, J and van Zanden, J, 1997, 'Introduction', in M 'T Hart, J Jonker, J van Zanden, 1997, eds., *A Financial History of The Netherlands*, Cambridge, Cambridge University Press.

Taussig, F, 1892, *The Tariff History of the United States*, New York, G Putnam.

Taylor, A J P, 1955, *Bismarck – The Man and the Statesman*, London, Penguin Books.

Therborn, G, 1977, 'The Rule of Capital and the Rise of Democracy', *New Left Review*, no. 103, May–June.
Thompson, G, 1989, ed., *Industrial Policy: US and UK Debates*, London, Routledge.
Tilly, R, 1991, 'Germany', in R Sylla and G Toniolo, eds., *Patterns of European Industrialisation – The Nineteenth Century*, London, Routledge.
―――― 1994, 'A Short History of the German Banking System', in M Pohl, 1994, ed., *Handbook of the History of European Banks*, Aldershot, Edward Elgar.
―――― 1996, 'German Industrialisation', in M Teich and R Porter, 1996, eds., *The Industrial Revolution in National Context – Europe and the USA*, Cambridge, Cambridge University Press.
Toye, J, 2000, 'Fiscal Crisis and Fiscal Reform in Developing Countries', *Cambridge Journal of Economics*, vol. 24, no. 1.
Trebilcock, C, 1981, *The Industrialisation of the Continental Powers, 1780–1914*, London and New York, Longman.
Tribe, K, 1995, *Strategies of Economic Order: German Economic Discourse, 1750–1959*, Cambridge, Cambridge University Press.
Upham, F, 2000, 'Neoliberalism and the Rule of Law in Developing Societies', a paper presented at the UNRISD (United Nations Research Institute for Social Development) conference on 'Neoliberalism and Institutional Reform in East Asia', 12–14 May 2000, Bangkok.
Van der Wee, H, 1987, 'The Economic Challenge Facing Belgium in the 19th and 20th Centuries', in Van der Wee et al., 1987, eds., *The Economic Development of Modern Europe since 1870*, vol. 8, Cheltenham, Edward Elgar.
―――― 1996, 'The Industrial Revolution in Belgium', in M Teich and R Porter, 1996, eds., *The Industrial Revolution in National Context – Europe and the USA*, Cambridge, Cambridge University Press.
Van Zanden, J, 1996, 'Industrialisation in the Netherlands', in M Teich and R Porter, 1996, eds., *The Industrial Revolution in National Context – Europe and the USA*, Cambridge, Cambridge University Press.
―――― 1999, 'The Netherlands: The History of an Empty Box', in J Foreman-Peck and G Federico, 1999, eds., *European Industrial Policy: The Twentieth Century Experience*, Oxford, Oxford University Press.
Voltes, P, 1979, *Historia de la Empresarial Española, la Evolución Empresairal dentro de la Economía Española*, Barcelona, Editorial Hispano Europea.
Wade, R, 1990, *Governing the Market*, Princeton, Princeton University Press.
―――― 1996, 'Japan, the World Bank, and the Art of Paradigm Maintenance: The *East Asian Miracle* in Political Perspective', *New Left Review*, no. 217, May–June 1996.
Weber, M, 1968 (originally 1904–1911), *Economy and Society*, edited by Gηnter Roth and Claus Wittich, New York, Bedminster Press.
Weisbrot, M, Naiman, R and Kim, J, 2000, 'The Emperor Has No Growth:

Declining Economic Growth Rates in the Era of Globalisation', Briefing Paper, September 2000, Washington, DC, Center for Economic and Policy Research.

Weiss, L and Hobson, J, 1995, *States and Economic Development – A Comparative Historical Analysis*, Cambridge, Polity Press.

Westney, E, 1987, *Imitation and innovation: The Transfer of Western Organizational Patterns to Meiji Japan*, Cambridge, Massachusetts, Harvard University Press.

Westphal, L, 1978, 'The Republic of Korea's Experience with Export-Led Industrial Development', *World Development*, vol. 6, no. 3.

Westphal, L, 1990, 'Industrial Policy in an Export-Propelled Economy: Lessons from South Korea's Experience', *Journal of Economic Perspectives*, vol. 4, no. 3.

Wiarda, H, 1977, *Corporatism and Development: The Portugese Experience*, Amherst, University of Massachusetts Press.

Williams, E, 1896, '*Made in Germany*', London, William Heinemann, the 1973 edition with an introduction by Austen Albu, Brighton, The Harvester Press.

Williamson, J, 1990, 'What Washington Means by Policy Reform', in J Williamson, ed., *Latin American Adjustment: How Much Has Happened?*, Washington, DC, Institute for International Economics.

Wilson, C, 1984, *England's Apprenticeship, 1603–1763*, 2nd ed., London and New York, Longman.

World Bank, 1991, *World Development Report, 1991 – The Development Challenge*, New York, Oxford University Press.

——— 1993, *The East Asian Miracle*, New York, Oxford University Press.

——— 1997, *World Development Report, 1997 – The State in a Changing World*, New York, Oxford University Press.

——— 2001, *World Development Report, 2000/2001 – Attacking Poverty*, New York, Oxford University Press.

——— 2002, *World Development Report, 2001/2002 – Institutions for Markets*, New York, Oxford University Press.

Wright, H, 1955, *Free Trade and Protectionism in the Netherlands, 1816–1830: A Study of the First Benelux*, Cambridge, Cambridge University Press.

You, J and Chang, H-J, 1993, 'The Myth of Free Labour Market in Korea', *Contributions to Political Economy*, vol. 12.

Zysman, J, 1983, *Governments, Markets, and Growth*, Oxford, Martin Robertson.

索 引

（索引页码为原著页码，即本书边码）

索引涵盖正文，但不涵盖注释和参考文献。它是按字母顺序编写的，其中空格的顺序在字母之前，例如"trade unions"（工会）在"trademarks"（商标）之前。

表格的索引以字母"t"开头。

Africa 133, 136t, 138t
 see also individual countries
agriculture 52
 Denmark 109, 112–13
 France 38
 Germany 23, 33
 Sweden 39, 40
 UK 4, 13, 23, 61
 USA 5, 26, 29, 30
aid 140
America see USA
'American System' 28, 32
anti-trust regulations 11, 93–5, 117
Argentina 79t
auditing 91–2, 115, 117, 121t, 123t
Australia
 income, per capita 79t, 124, 126t, 127t, 134, 135t
 social welfare institutions 106t, 117, 122t
 suffrage 75t, 76, 116
Austria 17, 49, 85
 child labour 108, 110t, 122t
 income, per capita 79t, 124, 126t, 127t, 135, 135t
 intellectual property rights 57, 86, 114
 protectionism 43, 60
 social welfare institutions 106t
 suffrage 75t
 tariffs 17t

Bangladesh 79t, 124, 126t
banking 16, 95–9, 114–16, 117, 121t, 123t
 see also central banking

bankruptcy laws 89–91, 114, 115, 121t, 123t, 124
Belgium 19–21, 23, 42–3, 44, 56
 banking 48, 96, 97–8, 99t
 bureaucracy 81–2
 child labour 109, 110t, 116
 income, per capita 79t, 126t, 127t, 135t
 intellectual property rights 86
 limited liability 89, 115
 social welfare institutions 106t
 suffrage 75t
 tariffs 17t, 60
 tax, income 103
Bhagwati 2, 15, 29
'big push' theory 15
Brazil 15, 68, 79t, 102, 116, 124, 127t
Britain see UK
Bulgaria 79t
bureaucracy 1, 73, 78–82, 114, 115, 120, 121t
 UK 80, 124
 USA 80–2, 103, 116–17
Burma 79t, 126t

Canada
 income, per capita 79t, 126t, 127t, 134, 135t
 intellectual property rights 121t
 social welfare 106t, 117, 122t
 suffrage 75t
cartels 66, 93, 94, 117
 East Asia 49–50
 Germany 14, 35, 117
 Sweden 40
central banking 1, 3, 10, 11, 16, 96–9, 119, 123t

Italy 117, 124
  note issue monopoly 114, 115
  Sweden 121t
  UK 118, 121t, 124
  USA 117, 118, 121t, 125
child labour 107–10, 114, 116, 118, 122t, 123t, 124–5
Chile 79t, 104
China 133, 141
  income, per capita 124, 127t
  unequal treaties 16, 54
Classical economics 32
Clay, Henry 28, 32
Cobden, Richard 23, 38, 52, 61
Cobden–Chevalier treaty (1860) 23, 38
Colbert, Jean-Baptiste 36, 62
Colombia 68, 79t, 116, 124, 127t
colonialism 16, 21, 22, 25, 52–3, 139–40
Communism 15, 72, 89, 99, 133
Competiton law *see* anti-trust regulations
copyrights 52, 84, 86–7, 121t, 123t, 125
Corn Laws
  Belgium 43
  UK 13, 16, 23, 29, 43, 52, 61
Cote d'Ivoire 124, 126t

Defoe, Daniel 20–1
democracy 1, 71, 73–8, 84, 121t, 124, 141
Denmark 56, 95
  child labour 109, 110t
  income, per capita 79t, 126t, 127t, 135t
  labour regulations 111, 112–13
  social welfare institutions 106t, 117
  suffrage 75t, 115
  tariffs 17t, 68–9
  tax, income 103, 114
deregulation 1
dirigisme 4, 14, 62
disclosure of corporate information 91–2, 115, 117, 121t, 123t

East Asia 15, 22, 25, 41, 46–51, 61, 64
  see also individual countries
East India Company
  British 43, 88, 118
  Dutch 43
economic growth 2, 8, 9, 132–3, 134–8, 142–3, 144
  and property rights 84–5
  and social welfare institutions 104
education 18, 104

East Asia 51
France 37
Germany 34
Japan 48, 64
Netherlands 45
Sweden 41
USA 30–1
Edward III 19–20, 61, 130
Egypt 79t, 124, 126t
Elizabeth I 20–1
employment 14, 48, 105, 106t
England *see* UK
espionage, industrial 18, 34, 36, 41, 56, 65
Ethiopia 68, 79t, 126t
exports 2, 18, 66
  East Asia 50
  France 38
  Prussia 33
  Sweden 39
  UK 19–23, 52, 55, 61
  USA 32

Finland 40
  income, per capita 68, 79t, 124, 126t, 127t, 135t
  social welfare 106t, 117
  suffrage 75t, 76, 77
First World War 14, 28–9
foreign investment 46, 51, 99, 140–2
France 8, 10, 16, 23, 35–9, 56
  bankruptcy law 90
  banks 95, 97, 99t
  bureaucracy 80, 81
  child labour 108, 110t
  competition law 93
  free trade 33, 62
  income, per capita 79t, 124, 126t, 127t, 135t
  intellectual property rights 57, 86, 114
  interventionism 1, 2, 13
  judiciary 83
  labour regulations 112
  limited liability 89, 115
  nationalization 85, 135
  social welfare 105, 106t, 117, 122t
  subsidies 38
  suffrage 74, 75t, 76, 77, 115, 116, 118, 121t
  tariffs 17t
  tax 80
Frederick the Great 33–4, 56, 82, 130
Frederick William I 33, 81–2

索 引 205

free trade 1, 7–8, 53, 65–6, 131, 144
  Belgium 42
  France 36–7
  Germany 37
  Netherlands 44
  Sweden 39
  Switzerland 46
  UK 3–5, 13–14, 16, 23–4, 61
  USA 2, 27–8, 29, 32, 62

GATT (General Agreement on Trade and Tariffs) 14
GDP (Gross Domestic Product) 30, 40, 132–3, 138t
German Historical School 6, 105
Germany 3–4, 14, 24, 32–5, 40, 65, 129
  see also Prussia, Saxony, Württemberg
  banks 96, 98, 99t, 115
  bureaucracy 80–2, 114
  child labour 107, 108, 110t
  competition law 94, 117
  income, per capita 45, 79t, 124, 126t, 127t, 135, 135t
  intellectual property rights 46, 58–9, 85, 87, 115
  judiciary 83
  labour regulations 111
  limited liability 89
  social welfare 105–6, 106t, 122t
  subsidies 33, 35, 63
  suffrage 75t, 116
  tariffs 17t, 49, 61, 63, 66
  zollverein (customs union) 4, 32–3
Ghana 79t, 124, 126t
Gladstone, William 24, 103
globalization 15, 99, 140
Gold Standard 14
Great Depression 1, 14, 29, 49, 94, 98
Greece 126t
Gross Domestic Product see GDP

Hamilton, Alexander 25, 26, 61, 98, 130
health see social welfare institutions
Henry VII 20–2, 61
Holland 109, 110t
  see also Netherlands
Hong Kong 43, 50
Hungary 79t, 133

IDPE (international development policy establishment) 71, 131, 134, 138, 140, 142–4

banks 95
democracy 74, 141
IMF 104, 140, 145
imports
  France 37
  Sweden 39
  UK 19–20, 21, 22, 37, 52, 61
  USA 25, 26–7, 28
income, per capita 67–9, 79t, 120, 124, 126–7t, 134–5
India 15, 22–3, 53, 137, 142
  income, per capita 68, 79t, 124, 126t
  tariffs 68
Indonesia 79t, 124, 127t
industrial espionage 18, 34, 36, 41, 56, 65
Industrial Revolutions 8, 60
  Belgium 42
  Switzerland 45
  UK 21, 22
industrial, trade and technology policies see ITT policies
industrialization 7, 54, 105, 113–18
  France 36, 37, 39
  Japan 47
  Netherlands 43–5
  Sweden 42
  Switzerland 45
  UK 21
  USA 52
infant industries 130
  protection of 2, 3, 10, 15, 18, 61, 67, 131
  France 62
  Germany 32, 63
  Japan 48–9, 60
  Sweden 40, 60
  Switzerland 46
  UK 3, 20, 21, 65
  USA 5, 24–6, 28, 30, 31, 62
inflation 11
infrastructure 18
  Belgium 43
  France 37
  Japan 47
  Netherlands 45
  Sweden 40, 64
  USA 31, 62
insurance, social 105, 106, 112, 116–7, 119, 122–3t
  Germany 105, 116
  USA 112
intellectual property rights 1, 2, 57, 84–7, 115, 121t

see also copyrights; patents; trademarks
international development policy establishment *see* IDPE
International Monetary Fund *see* IMF
interventionism 3, 15, 16–18, 130–1, 132
   see also tariffs; protectionism, infant industries
   France 1, 2, 13, 36, 62
   Germany 34–5, 63
   Japan 64
   Netherlands 45
   UK 19
investment planning 16
IPR *see* intellectual property rights
Iran *see* Persia
Ireland 79t, 106t, 117, 126t, 127t
Italy 3, 4, 50, 124
   banks 96, 98, 99t, 114, 115, 117
   bureaucracy 81
   child labour 109, 110t, 116
   income, per capita 79t, 126t, 127t, 134, 135, 135t
   intellectual property rights 121t
   judiciary 83
   labour regulations 112
   social welfare 106t
   suffrage 74, 75t
   tariffs 17t
ITT (industrial, trade and technology) policies 9, 59–60, 66–7, 130–2, 144
   Belgium 43
   East Asia 50, 51
   Japan 61, 64
   UK 18, 61
   USA 18

Japan 8, 14, 22, 46–51, 100
   banks 16
   cartels 14, 49–50
   income, per capita 68, 79t 126t, 135
   intellectual property rights 86
   ITT policies 61
   judiciary 83
   property rights 85
   subsidies 47, 64
   suffrage 75t, 121t
   tariffs 17t, 44, 54, 66
joint stock companies *see* limited liability
judiciary 1, 71, 82–3, 121t

Kenya 79t, 124, 126t
Keynes, John Maynard 99–100, 135

Korea 16, 50, 51, 61, 65, 79t, 85
   tariffs 22, 39, 54

labour regulations 72, 111–13, 114, 118–19, 122t
laissez-faire 13–16, 65–6
   France 36, 37
   Germany 33, 63
   Netherlands 44–5
   Switzerland 46
   UK 1, 14, 19, 24, 61–2
Latin America 15, 16, 54, 132–3, 136t, 138t
   see also individual countries
liberalism 3, 13–14, 15, 29, 37–8
liberalization of trade 1, 14, 15, 16, 23–4, 69
limited liability 3, 10, 88–9, 114, 115, 118, 121t, 123t
   France 37
   UK 92, 117
Lincoln, Abraham 27–8, 32
List, Friedrich 3–6, 25, 32, 44, 52, 61, 129–30
Low Countries 19, 20, 42
   see also Belgium; Netherlands

Malawi 68
manufacturing 18
   France 38
   Germany 33
   Japan 48
   Sweden 39
   UK 20–4, 26, 52, 61
   USA 25, 26, 28–9, 52, 62, 89
Marxism 15
McCulloch, John 88, 103
mercantilism 13–14, 23, 33, 43
Mexico 15, 79t, 116, 124, 127t
monopolies 66, 87, 93, 94–5
   banknote-issue 97, 98, 99, 114, 115
   East Asia 50
   Germany 33
   Netherlands 44
   UK 85
   USA 31
Morocco 124, 127t

NAFTA (North American Free Trade Agreement) 15
Napoleonic Wars 8, 39, 60, 103, 114
nationalization 16, 47, 85, 135
   see also state-owned enterprises
Neoclassical economics 6, 7
Neo-liberalism 15, 59, 132–3

索引 207

Netherlands 43–5, 60, 131
　banks 97, 99t
　bureaucracy 80
　income, per capita 68, 79t, 126t, 127t
　infant industry protection 18
　intellectual property rights 9, 57–8, 86–7, 121t
　social welfare 106t, 117
　subsidies 44, 45
　suffrage 75t
　tariffs 17t
　tax 80
　technology 55–6
New Zealand
　income, per capita 79t, 124, 127t
　social welfare 105, 106t, 117
　suffrage 75t, 76, 116, 121t
Nicaragua 68
Nigeria 79t, 124, 126t
Norway 17, 56, 92, 94–5
　child labour 109, 110t, 116
　income, per capita 79t, 126t, 127t, 135t
　labour regulations 111
　social welfare 106t, 117
　suffrage 75t, 76, 77

Ottoman Empire 16, 54
　see also Turkey

Pakistan 79t, 124, 126t
patents 2, 18, 57–8, 65, 85–7, 114–15, 121–2t
　see also intellectual property rights
　Netherlands 9, 44
　Switzerland 9, 46
pensions 105, 106, 106t, 117, 119, 122t
Persia 16, 54
Peru 79t, 124, 127t
Philippines 79t, 124, 127t
Poland 5, 133
Portugal
　banks 95, 97, 99t
　child labour 109, 110t, 122t
　income, per capita 79t, 126t
　intellectual property rights 86
　limited liability 89, 115
　social welfare 106t, 117
　suffrage 75t
　tariffs 67
　tax, income 103
PPP (purchasing power parity) 68–9
property rights 1, 2, 83–5, 114, 139, 141

　see also intellectual property rights
protectionism 15, 16, 59, 67, 107, 130–1
　see also infant industries
　Belgium 43
　France 37, 38
　Japan 46, 48–9
　Netherlands 60
　Sweden 39
　Switzerland 60
　UK 4–5, 13, 24
　USA 1, 5, 24–5, 27–31, 62
　Prussia 8, 17t, 32–5, 47, 56, 62
　see also Germany
　banks 95
　bureaucracy 80–2, 114, 115, 121t
　child labour 108, 110t, 116, 122t
　intellectual property rights 86
　suffrage 75, 77
　tariffs 32

quotas 29

R & D see research and development
race 75, 76, 77, 124
railways 16, 27, 40, 47, 112
Raymond, Daniel 25, 31, 61
research and development 18, 56, 66
　East Asia 51
　France 37
　Sweden 40, 41, 64
　USA 30–1, 62
resources 11
Ricardo, David 13–14, 32
Roosevelt, Theodore 78, 93–4
Russia 17t, 28, 39, 56, 67, 86

Saxony 75–6, 85–6, 89, 108, 110t
　see also Germany
Schmoller, Gustav 105
Second World War 8, 39, 60, 103, 114
securities 99–102, 114, 116–17, 121–3t
slavery 27–8, 142
Smith, Adam 4, 5, 13–14, 24, 88
Smoot-Hawley Tariff 1–2, 14, 29
social welfare institutions 72, 103–6, 114, 116–17, 122t, 142
Soviet Union 133, 140
Spain
　auditing 93
　banking 97, 99t
　bureaucracy 81, 116
　child labour 109, 110t

income, per capita 126t, 127t
intellectual property rights 86, 121t
labour regulations 112
limited liability 89
social welfare 106t, 117
suffrage 75t, 76
tariffs 17t, 67
tax, income 103
state-owned enterprises 39, 40, 47–8
  see also nationalization
stock market see securities
structural adjustment 72
structuralism 15
suborning 55
subsidies 2, 18, 63, 66, 67, 130, 145
  East Asia 50, 51, 61
  France 38
  Germany 33, 35, 63
  Japan 47, 64
  Netherlands 44, 45
  Sweden 39, 40
  UK 22, 52, 61
  USA 26, 29, 31
suffrage 74–8, 79t, 105, 113, 115, 116, 121t
  see also democracy
Sweden 39–42, 56, 60, 66
  banking 95, 97, 99t, 121t
  child labour 107, 108–9, 110t, 116
  income, per capita 79t, 126t, 127t, 135t
  intellectual property rights 86
  labour regulations 111, 112
  limited liability 88, 115, 121t
  social welfare 106t, 117
  suffrage 75t
  tariffs 17t, 38, 63–4
  tax, income 103
Switzerland 10, 18, 23, 45–6, 60, 131
  banks 98, 99t, 115
  child labour 110t
  income, per capita 68, 79t, 127t
  intellectual property rights 2, 9, 57–8, 86, 87, 121t
  patents 2, 9, 58, 87
  social welfare 106t, 117, 122t
  suffrage 75t, 76, 118, 119, 121t
  tariffs 17t

Taiwan 16, 22, 50, 51, 61, 79t, 85
Tanzania 68, 79t
tariffs 3, 9, 17t, 53, 54, 65–6, 67–9
  Belgium 43
  East Asia 57

France 38
Germany 33, 35, 63
Japan 46–7, 48–9, 50–1
Netherlands 44
protection 3, 59, 130
Sweden 39, 40, 64
UK 22–4
USA 1–2, 14, 16, 25–7, 62
tax 16, 19, 28, 43, 80, 101, 120
  income 102–3, 104, 122t, 141, 142
technology 7, 18, 55–7, 60, 65
  Belgium 42
  France 36, 39
  Germany 34
  Japan 48, 50
  Sweden 40, 41
  Switzerland 45–6
  UK 20, 22, 23, 54, 55
  USA 31
Thailand 16, 54, 116, 124, 127t
trade-related intellectual property rights (TRIPS) 57, 86, 87
trade sanctions 29, 107
trade unions see unions
trademarks 58, 65, 84, 86, 87, 121t
TRIPS (trade-related intellectual property rights) 57, 86, 87
Turkey 16, 54, 79t, 116, 127t
  see also Ottoman Empire
UK 1, 19, 24, 51–9, 121–3t, 132
  anti-trust regulations 94
  auditing 92, 117
  banking 95–6, 97, 99t, 114, 118, 121t
  bankruptcy law 90–1, 115
  and Belgium 19–21, 23, 42
  bureaucracy 80, 82
  child labour 107–8, 110t, 116, 122t
  and East Asia 22, 50
  and France 23, 36, 37t, 38, 39, 55, 56
  free trade 3–5, 7–8, 13–14, 16, 61, 62
  income, per capita 68, 69, 79t, 124, 126t, 127t, 135t
  and India 22–3, 53
  and Ireland 22, 53
  infant industry protection 65
  intellectual property rights 85–6, 114, 121t
  judiciary 83
  labour institutions 111
  limited liability 88, 115, 117
  and Netherlands 43, 44
  property rights 85

securities 100–1, 116, 117
social welfare institutions 106t
suffrage 74, 75t, 77
and Switzerland 45–6
tariffs 17t, 39
tax 80, 102
income 103, 114, 122t
technology 18, 20, 22–3, 54–5
unemployment *see* employment
unions 41, 94, 105, 107
and the USA 5, 23–6, 28, 32, 52–3
USA 1–2, 3, 24–32, 102, 115–18, 121–3t
banking 96, 98, 99t
bankruptcy laws 90–1
bureaucracy 80–1, 82, 119
child labour 107, 109–10, 110t
civil war 2, 25, 27–9
competition law 93–4
disclosure 92
free trade 7–8, 65
income, per capita 68, 79t, 124, 126t, 127t, 135t, 142
industrialization 52
infant industry protection 5, 61–2, 66, 131
intellectual property rights 57, 58, 114
judiciary 83
labour regulations 111–12, 113
limited liability 89
securities 99–100, 101
social welfare 104, 106t
subsidies 26, 29, 31

suffrage 75t, 77–8
tariffs 16, 17t, 47, 66, 67
tax, income 103

Venezuela 79t
Vietnam 133
voting *see* democracy; suffrage

Walpole, Robert 21, 25, 52, 61, 130
wars 102, 103
America
Civil War 2, 25, 27–9
War of Independence 26
First World War 14, 28–9
Napoleonic War 39, 60
Second World War 8, 14, 17, 49
Washington consensus 1, 13
Weber, Max 6, 80, 82
welfare state *see* social welfare institutions
women 111–12, 116, 118, 124
workers, migration of 54–6, 57, 65
World Bank 71, 104, 136t, 138t, 140, 145
tariffs 17t, 53–4, 67
World Trade Organization 2, 15, 71, 107, 131–2, 140, 145
intellectual property rights 57, 86, 87
tariffs 67, 68–9, 145
Württemberg 86, 89
see also Germany

Zaire 79t
Zimbabwe 68
zollverein (German customs union) 4, 32–3

图书在版编目(CIP)数据

富国陷阱：发达国家为何踢开梯子？／（英）张夏准（Ha‑Joon Chang）著；蔡佳译．－－北京：社会科学文献出版社，2020.5（2022.8 重印）
（思想会）
书名原文：Kicking Away the Ladder: Development Strategy in Historical Perspective
ISBN 978‑7‑5201‑5728‑5

Ⅰ．①富⋯　Ⅱ．①张⋯　②蔡⋯　Ⅲ．①发展中国家－经济发展－研究　Ⅳ．①F112.1
中国版本图书馆 CIP 数据核字（2019）第 229826 号

·思想会·
富国陷阱
——发达国家为何踢开梯子？

著　　者／[英]张夏准（Ha‑Joon Chang）
译　　者／蔡　佳译

出 版 人／王利民
组稿编辑／祝得彬　吕　剑
责任编辑／吕　剑
责任印制／王京美

出　　版／社会科学文献出版社·当代世界出版分社（010）59367004
　　　　　地址：北京市北三环中路甲 29 号院华龙大厦　邮编：100029
　　　　　网址：www.ssap.com.cn
发　　行／社会科学文献出版社（010）59367028
印　　装／三河市东方印刷有限公司

规　　格／开　本：880mm×1230mm　1/32
　　　　　印　张：6.75　字　数：169 千字
版　　次／2020 年 5 月第 1 版　2022 年 8 月第 2 次印刷
书　　号／ISBN 978‑7‑5201‑5728‑5
著作权合同
登 记 号／图字 01‑2005‑2513 号
定　　价／58.00 元

读者服务电话：4008918866

▲版权所有 翻印必究